ONE WAY

NO PARKING
Monday - Friday
7am - 7pm

CHILD AT HEART

COME CLEAN

TO BE TOTALLY HONEST
ABOUT SOMETHING

TO CONFESS

TO TELL THE TRUTH

TO MAKE A REVELATION

TO OWN UP

INS REINE KOMMEN

JEMANDEM DIE WAHRHEIT SAGEN

AUSPACKEN

FARBE BEKENNEN

INHALT

Hello, Nice To Eat You 7

Die Bedeutung von Clean Eating 8

My Veggie Love Story 12

Natural Kitchen 15

My Work, My Journey 18

Come Clean Guidelines 26

Simple Kitchen 29

Base Ingredients 32

Smoothie Making Tips 36

Cooking Tips 37

Drinks & Smoothies 39-53

Breakfast 54-71

Saucen & Dressings 72-83

Tapas & Sidedishes 86-111

Lunch 112-141

Dinner 142-179

Sweets & Desserts 180-187

I Choose Happiness 190

Gratitude 191

HELLO. NICE TO EAT YOU...

*Ich bin Jenny. Ich bin ein passionierter Foodie, also jemand der Essen und alles, was damit zu tun hat, unglaublich gern hat. Aber mir geht es vor allem um bewusste Ernährung. Ein **'Health' Foodie** sozusagen. Ich liebe es zu kochen, zu kreieren und gesunde, kreative Rezepte zu entwickeln.*

Für mich ist ein nachhaltiger 'gesunder' Lifestyle sehr wichtig, und ich möchte Dich gern an meinen Ideen und Rezepten teilhaben lassen. Dies ist ein Einblick, wie ich täglich koche. Ich hoffe, ich kann dich damit inspirieren, auch selbst den Kochlöffel zu schwingen.

Meine kulinarische Gesundheitsreise fing 2010 mit einem grünen Smoothie und einer Bikram (Hot Yoga) Klasse an, was beides nachhaltig mein Leben veränderte. Seitdem beschäftige ich mich mit dem Thema Ernährung. Ich bin step by step in das Thema eingetaucht. Schon immer war ich jemand, der alles ausprobiert hat, um sich sein eigenes Bild zu machen. Ich bin zweisprachig aufgewachsen mit einer irischen Mutter und einem deutschen Vater. Es gab also von Anfang an unterschiedliche Einflüsse. Auch liebe ich es, zu reisen und neue Geschmackserlebnisse zu entdecken. Multikulti! Ich verbrachte viel Zeit in L.A. und New York. Meine Raw Food Chef Ausbildung (zur Rohkost-Köchin) habe ich in Kalifornien bei Matthew Kenney gemacht. Eine erkenntnisreiche und prägende Zeit.

Als ich aber aus dem sonnigen Kalifornien zurück ins winterliche, graue Berlin kam, wurde mir bewusst, dass für mich eine rein rohköstliche vegane Ernährung nicht ganz ausreicht. Mein Körper brauchte noch wärmendere Elemente. Meine Umwelt hier ist ganz anders. Daraus entwickelten sich meine Rezepte, eine Kombination aus Raw Food (also viel Frisches) & gekochten Essen.

*Meine Rezepte sind **plantbased** (vegan auf Pflanzen basiert), **glutenfrei** (d. h ohne den typischen Weissmehl-Weizen) und nur **natürlich gesüßt** (d. h. fruchteigene Süße oder Reissirup, Xylit, Kokosblütenzucker).*

Mir liegt am Herzen, an dieser Stelle nochmal zu sagen, dass ich alles Zwanghafte & Dogmatische von grundauf ablehne, das widerspricht meiner Lebensphilosophie in Balance & Harmonie zu sein mit sich und seiner Umwelt.

LOVE TO COOK & COOK TO LOVE

DIE BEDEUTUNG VON CLEAN EATING

Es gibt im Leben immer diesen einen Moment, wo man sich selbst, sein Handeln, sein SEIN, einfach alles hinterfragt. So ging es mir jedenfalls.

Wer bin ich? Wer wollte ich mal werden, wer bin ich geworden, welche Rolle spiele ich hier auf dieser Welt? *Mein Beitrag für unseren Planeten, unser Jetzt, unser Morgen, für mich, für dich, für meine Kinder?*

Mit Essen fängt alles an. Wir essen täglich zwei-, drei- oder sogar viermal. Das Thema Ernährung ist schon immer spannend gewesen, es gibt so viele verschiedene Meinungen, Ernährungsrichtungen und Diäten. ***Diäten sind nichts für mich!***

Ich möchte mich nachhaltig und langfristig gesund ernähren in Harmonie mit unserer Umwelt. *Ich brauche keine Geschmacksverstärker, will keine Transfette oder Zusatzstoffe, und vor allem keine Pestizide (Gifte) und Chemikalien in unserem Essen. Der ganze industrielle Zucker, der Fertigprodukten zugesetzt ist, macht mich krank, wütend und lässt mich zweifeln an unserer jetzigen FOOD SITUATION.*

Ich habe es satt, verwirrt zu werden, nicht zu wissen was wirklich in meinem Essen steckt. Ich brauchte eine praktische und einfache Lösung, eine Alternative zu alldem, was ich kannte.

COUNT CHEMICALS NOT CALORIES

Mit Come Clean entscheide ich mich für Natural Food, d. h. für natürliches Essen. Clean Eating ist bewusste Ernährung, in der unverarbeitete, **vollwertige Lebensmittel** *im Mittelpunkt stehen, abwechslungsreiches Gemüse in allen Farben und Formen,* **saisonal und regional** *in Bio-qualität. Eine Art zu essen, die den Körper in seinen natürlichen Entgiftungsprozessen unterstützt und uns damit* **leistungsfähiger, fitter und einfach glücklicher** *macht – auf allen Ebenen.*

Neue Essgewohnheiten kultivieren, mit leichten Rezepten, die zeigen, wie einfach und lecker fleischloses, glutenfreies Kochen ist.

Wichtig ist für mich aber auch, den **Stress aus der Ernährungs-Sinn-Krise** *zu nehmen. Wir alle sind anders, haben unterschiedliche Stresslevels, Anforderungen und Lebensumstände. Selbst unsere biologischen Voraussetzungen, wie z. B. die Zusammensetzung unserer Darmbakterien, sind von Mensch zu Mensch total verschieden. Es gibt nicht den einen Ernährungsstil für jedermann, aber es gibt eine Menge nützliches Know-How, von dem wir alle profitieren können.*

Für mich heißt Clean Eating, bewusste Ernährung und Verantwortung für sich und seine Umwelt zu übernehmen, so wie es für jeden einzelnen möglich ist. Es geht nicht um Perfektion, sondern es geht um Connection (Verbindung) und darum, **Verantwortung für unseren Körper zu übernehmen**. *Es ist der einzige Ort, in dem wir wirklich wohnen.*

YOUR BODY IS YOUR TEMPLE!

Let's eat healthy together!

THE VEGGIE LOVE STORY

Meine Liebe zur Natur begann schon im Kindesalter. Ich liebte es, im Garten meiner Oma zu sein; sie hatte vieles gepflanzt: Rharbarber, Stachelbeeren (meine Lieblingsbeere), sogar Johannisbeeren und Brombeeren. Dort wuchsen auch große Kirsch-, Pflaumen- und Apfelbäume. Ich bin begeistert von der Vielfalt der Gemüse- und Obstsorten, Körner und Samen, Nüsse und frischen Kräutern.

*Wunderschön und faszinierend sind die unterschiedlichen Formen und Farben, Gerüche, Geschmäcker, Strukturen und Konsistenzen, die **Mutter Natur** hervorgebracht und der Mensch kultiviert hat.*

*Es gibt so vielfältige Arten der Zubereitung; durch **Dünsten, Kochen, Braten, Backen, Einlegen** oder **Fermentieren** kann man sich die Kraft der Pflanzen nutzbar machen.*

*Eines meiner Hauptanliegen in diesem Buch ist zu zeigen, dass gesundes Kochen nicht aufwendig und kompliziert sein muss und auch richtig gut schmecken kann. Ich möchte dir zeigen, wie schnell und mit wie viel Spaß du dir ein gesundes Essen zaubern kannst, das vor allem **den Körper vollwertig nährt** und dir Energie spendet.*

Auch das Auge isst mit und alles, was ich hier zubereite, ist bunt und frisch und sieht auch sehr appetitanregend aus. Mit anderen Worten: dir wird das Wasser im Munde zusammenlaufen.

*Ich bin überzeugt davon, dass jeder kochen kann und es mit etwas Hilfe, d. h. ein bisschen Know-How, leicht zu erlernen ist. **Der Kreativität sind keine Grenzen gesetzt.** Es gibt weder richtig noch falsch. Probiere Dich aus, denn das Schlimmste, das passieren könnte ist, dass es mal nicht schmeckt.*

*Aber wie sagt man so schön: **"Learning by doing!"** und genau darum geht es; nicht um das perfekte Nachmachen, sondern es so gut wie möglich selbst zu versuchen.*

Hier nochmal meine offizielle Liebeserklärung:
Danke Mutter Erde – I'm a Veggie Lover forever!

Auf geht's, ich habe Hunger...

NATURAL KITCHEN & AN ORGANIC LIFESTYLE

Ich lege viel Wert auf Bio-Qualität. Durch die naturbelassene Nahrung bekommt unser Körper die Energie, die er benötigt, der Geschmack ist pur und echt.

*Ich möchte den **nachhaltigen Anbau** von Obst und Gemüse unterstützen, so gut ich kann. Was jeder Einzelne dafür tun kann, ist **saisonal und regional** einzukaufen. Das entlastet sogar deinen Geldbeutel – du sparst und es ist schonender für die Umwelt.*

Wenn du die Möglichkeit hast, geh am besten auch mal auf den Markt und informiere dich direkt beim Erzeuger über dessen Obst- und Gemüseanbau. Das schafft Vertrauen und engeren Kontakt. Viele sind biozertifiziert oder versuchen sich an diesen Richtlinien zu orientieren. Das sollte supported werden, um nach und nach einen pestizidfreien und natürlichen Anbau zu erreichen. So können wir alle maßgeblich zu einem Wandel in eine bewusstere und gesündere Lebensweise beitragen.

Deswegen **'SUPPORT YOUR LOCAL FARMER!'**

*Bei uns im Hope Superfood Deli oder goodies Berlin setzen wir das so gut wie möglich um, kaufen **'Farm-to-Table'** direkt vom regionalen Erzeuger/ Bauern. Es ist wirklich ein sehr wichtiges Thema und ich glaube, dass wir in Zukunft sehr stark damit konfrontiert werden, da unsere Erde langsam vergiftet wird und unsere Böden missbraucht werden. Es hört sich dramatisch an, aber umso mehr ich mich mit dem Thema befasst habe, umso klarer ist mir geworden, wie ernst die Situation ist.*

TIME TO WAKE UP

Insbesondere bei nativen Ölen und Fetten empfehle ich, auf biologische Herkunft zu achten, da diese häufig besonders belastet sind. Für Salate und Dressings benutze ich am liebsten kalt gepresstes Olivenöl oder Leinöl, da durch das schonende Verfahren die wertvollen Inhaltsstoffe erhalten bleiben. Zum Braten verwende ich in der Regel Kokosöl, durch seinen hohen Rauchpunkt eignet es sich prima zum Kochen, Braten und Backen.

(Unter dem Rauchpunkt versteht man die niedrigste Temperatur, bei der über einem erhitzten Öl oder Fett die deutlich sichtbare Rauchentwicklung beginnt. Bei Ölen mit einem niedrigen Rauchpunkt können sich schnell gesundheitsschädliche Transfette bilden, da die enthaltenen Fettsäuren bei zu hohen Temperaturen oxidieren.)

"LET FOOD BE THY MEDICINE — AND MEDICINE THY FOOD"

Wer den Geschmack von Kokosöl nicht so gerne mag (oder eben nicht in bestimmten Gerichten), kann auch geschmacksneutrales Kokos-Bratöl verwenden.

Ich benutze gern natürliches Himalayasalz, das neben seiner auffällig pinken Farbe sehr viele Mineralstoffe und Spurenelemente besitzt. Diese Stoffe sind essentiell für den Körper.

Wir bestehen zu 70 % aus Wasser. Es ist der Grundstein allen Lebens. Deswegen nutze ich einen speziellen Wasserfilter für mein Leitungswasser, der einen Großteil von Schadstoffen, Medikamentenresten u. a. herausfiltert. Ich finde das empfehlenswert, da dadurch auf den Kauf von Mineralwasser in Flaschen verzichtet werden kann. Das ist wiederum umwelt- und ressourcenschonend, da keine Flaschen produziert und transportiert werden müssen.

Statt mit raffiniertem weißen Zucker koche und backe ich mit Reissirup, Kokosblütenzucker oder Xylit.

*Zum Würzen sind für mich Kräuter unabdingbar. Sie schmecken nicht nur intensiv, sondern haben auch die verschiedensten **positiven Wirkungen auf Körper und Geist**. Kräuter waren schon immer für ihre **Heilkraft** bekannt und sind auch heute noch häufig **die Basis in der alternativen ganzheitlichen Medizin**. Fast alle Kräuter strotzen vor gesundheitsfördernden Inhaltsstoffen und sind vielseitig einsetzbar: vom Smoothie über Saucen und Dips, bis zu Suppen und Salaten. Überall!*

„Let Food Be Thy Medicine – And Medicine Thy Food"
„Lass Nahrung deine Medizin sein – und Medizin deine Nahrung"

Ein Zitat von Hippokrates, der schon zu seiner Zeit um den Zusammenhang von Ernährung und Gesundheit wusste.

Einen Aspekt, den ich nicht unerwähnt lassen möchte, ist mein Versuch, Aluminium aus meinem Leben zu verbannen. Es wirkt nachweislich wie ein Nervengift und ist verbreitet in Form von Folie, in Zahnpasta, Deodorants, Medikamenten, Zigaretten, Impfstoffen. Selbst in Sojaprodukten ist es auffindbar. Leider!

*Sicherlich können wir uns in der heutigen Zeit nicht gänzlich vor schädigenden Stoffen schützen, aber durch **Achtsamkeit und Information** sind wir zumindest in der Lage, unser Handeln danach auszurichten.*

GEMEINSAM SIND WIR STARK!

MY WORK. MY JOURNEY

*Es fing damit an, dass ich fürs goodies (Deli Berlin) Rezepte entwickelte; grüne Smoothies, Salate, Wraps und Sweets. Die Produkte kamen sehr gut an, und ich spezialisierte mich auf **glutenfreie, zuckerfreie und vegane Produkte**. Einfach Sachen, die ich auch besonders gerne essen wollte, um ehrlich zu sein.*

*Das lief wunderbar und ich vertiefte mein Wissen und Können in Los Angeles, machte meine **Raw Chef Ausbildung** und lernte viel über Flavor Balancing. Für mich kam eine klassische Kochausbildung mit Fleisch nicht in Frage – ich hatte auch nicht das Gefühl, dass ich das brauchen würde, ganz im Gegenteil. Ich habe sehr viel beim 'Machen' gelernt: **learning by doing – lernen durch Erfahrung**.*

Als ich in L.A. war, konnte ich kaum fassen, was es rein foodtechnisch und an healthy & sporty Lifestyle so gab, ich war hooked – an der Angel sozusagen. Überall gab es grüne kalt gepresste Säfte, Ingwer Shots, Kombucha, Smoothies, vegane & vegetarische Restaurants und auch in normalen Restaurants immer die Option 'glutenfree'. Ich war beeindruckt! Seriously – von den Socken.

Natürlich suchte ich auch diese Cafés und Lokalitäten, aber sie waren einfach überall zu finden. Es gab viele **Farm-to-table** *Restaurants, wo die Zutaten direkt vom Erzeuger kamen, und ich besuchte die Farmer's Markets, wo ich auch die Bauern selbst kennenlernte. Es war super und ich wusste: wenn ich wieder nach Berlin komme, dann suche ich all das auch hier.*

Aber es war gar nicht so einfach; vor drei Jahren gab es kaum vegane Restaurants und schon gar nicht glutenfrei und biozertifiziert. Wenn es etwas gab, dann höchstens eins davon. Entweder es war vegan, aber eher fastfood, oder es gab etwas glutenfreies, das war aber nicht vegan oder aber es war bio, doch weder vegan noch glutenfrei.

Ich vermisste meine **'healthy options'**, *und auch* **das soziale Essengehen** *ist etwas sehr Schönes und immer wieder ein kleines 'happening'. Ihr müsst wissen: in Amerika ist der Service unglaublich zuvorkommend, mit "Hi Sweety, what can I do for you today?" und einfach rundum freundlicher & höflicher, echter Service.*

Das gab es hier nicht so richtig, die Berliner sind einfach anders drauf, ein bisschen 'rougher', aber klar bei dem Wetter. Christoph (Gründer vom goodies Berlin & Ernährungsberater) und ich teilen diese **Passion für gesundes Essen** *und uns fehlte hier in Berlin genau das: ein Ort (außer zu Hause), wo wir natürliches Essen finden können – vegan & glutenfrei, in Bio-Qualität.*

Da spürten wir instinktiv, wenn es dieses Konzept hier noch nicht gibt, dann werden wir einen solchen Raum kreieren, wo jeder einfach die Karte rauf und runter bestellen kann, ohne auch nur einen Gedanken verschwenden zu müssen, was in dem Essen enthalten ist, wo ganz klar auf **Bio-Qualität** *geachtet wird und* **saisonale Gemüsesorten** *verabeitet werden, viele direkt vom Erzeuger (Farm-to-table).*

Wir verzichteten auf den Gebrauch von industriell verarbeitetem Zucker, Geschmacksverstärker, Fertigprodukten und Transfetten. Alles war glutenfrei und plantbased (vegan), genau wie wir auch zu Hause kochen. Und da ich fast immer mein Essen in Schüsseln anrichtete, weil ich gerne mit Stäbchen esse, entstand **'THE BOWL'** *(2015). Eine Bowl ist immer eine Kombination aus frischen Mixed Greens, Raw Food und Gekochtem, alles in einer Schüssel. Wir haben uns zuhause oft viele kleine Bowls angerichtet und geteilt, und genau das ist der Gedanke dahinter: gemeinsam essen und sich bewusst, gesund und glücklich ernähren.*

Nachdem wir The Bowl nicht mehr betreiben, entwickelten wir ein ähnliches Konzept: **HOPE Superfood Deli**, *das sich auf Lunch Bowls konzentriert. Das haben wir als unser 'Kreativ Lab' benutzt, um tolle weitere gesunde Rezepte und Produkte zu entwickeln. Jetzt bringen wir unser Wissen und Können im* **goodies** *zum Ausdruck.*

Auch dieses Buch ist aus meinem Bauch heraus entstanden; ich habe gelernt **auf mein Bauchgefühl zu hören** *und darauf zu vertrauen. Ich bin mir sicher, dass viele von Euch auch mega Bock haben, sich bewusst und gesund zu ernähren. Deswegen möchte ich meine Ideen und Rezepte mit Euch teilen und gemeinsam kochen. Es liegt mir am Herzen, einen* **nachhaltigen, gesunden Lifestyle** *zu promoten und es ist eine befreiende Erfahrung, seine Gesundheit selbst in die Hand zu nehmen und das auf die einfachste Art: mit einem Kochlöffel.*

ALLES FÄNGT MIT ESSEN AN.
SO LET'S EAT HEALTHY TOGETHER.

in a gentle way you can **SHAKE** the world

COME CLEAN GUIDELINES

DER DAUMEN
Das Beste, was du gerade bekommen kannst, z.B wenn du unterwegs bist: lieber ein Vollkornbrötchen anstatt einer Schrippe oder frisches Gemüse statt fettiger Fritten. Immer gut ist ein knackiger Salat oder auch eine Falafel mit Hummus.

DER ZEIGEFINGER
Was wirklich wichtig ist: auf Qualität zu achten und Bio-Produkte zu unterstützen.

DER MITTELFINGER
Fuck Fertiggerichte oder generell Produkte, wo die Zutatenliste so lang ist, dass du sie gar nicht erst lesen möchtest.

DER BEZIEHUNGSFINGER
Er steht für die Beziehung zwischen dir und deinem Körper. Es ist wichtig, auf seinen Körper zu hören, auf sein Bauchgefühl zu achten und manchmal einfach auch nur auf seine Intuition zu vertrauen.

DER KLEINE FINGER
Er steht für Spaß. Probiere dich aus, sei kreativ, koche zusammen mit Freunden oder gemeinsam mit der Familie.

SIMPLE KITCHEN -
EINE HAND VOLL 'EINFACHER' KÜCHENUTENSILIEN

Hier eine kleine Liste von wichtigen Gebrauchsgegenstände, die sehr hilfreich sein können in der Küche und die ich selbst viel benutze.

- **Ein scharfes gutes Messer**

- **Ein kleines scharfes Gemüsemesser**

- **Schneidebrett aus Holz**

- **Zitruspresse**

- **Mandoline** *(Gemüsehobel)*

- **Mixing Bowls / Mixbecher**

- **Brotform** *(Silikon)*

- **Schaber** *(spatula)*

- **Mason Jars** *(Schraubgläser)*

- **Microblade** *(sehr feine Reibe)*
Durch die hochwertige Edelstahlreibe werden Zitrusschalen, Muskatnüsse oder Ingwer sehr fein gerieben, so dass ihr Aroma und ihre Inhaltsstoffe erhalten bleiben.

- **ein kleiner Reiskocher** ist sehr convenient, perfekt für Reis & Quinoa

- **Spiralizer**
Der Spiralschneider ist ein sehr praktisches Gerät, das Gemüse in eine spaghettiähnliche Form bringt. Auch ist er preisgünstig und kinderleicht zu bedienen.

- **eine hochwertige Pfanne:**
Pfannen aus Stahl, Eisen und Gusseisen sind empfehlenswert; Eisenpfannen müssen immer leicht eingefettet sein, da sie sonst schnell rosten. Gusseisen ist sehr schwer, sonst aber top. *(Keramik)*

- **1-2 hochwertige Töpfe**
Zum Kochen von Curry, Saucen und Suppen gehört ein solcher Topf mit Deckel zur Grundausstattung. Es ist wichtig darauf zu achten, dass kein Aluminium verabeitet wurde.

UND ZWEI WIRKLICH WICHTIGE MUST-HAVES:

- **Food Processor**
Ein Food Processor zerkleinert trockene bis leicht feuchte Zutaten wie z.b rohe Früchte, Gemüse oder Nüsse, auch geeignet zum Hacken von frischen Kräutern. Du kannst natürlich auch mit einem Messer arbeiten, aber mit dem Food Processor sparst du auf jeden Fall ganz viel Zeit.

- **Hochgeschwindigkeits-Mixer**
Ich empfehle, in einen guten Hochgeschwindigkeits-Mixer gleich ein wenig mehr zu investieren. Es lohnt sich auf jeden Fall. Ich habe einen Vitamix (ca. 800€) mit sehr langer Garantie, aber es gibt hochqualitative Mixer auch schon ab 250€. Der Mixer wird zum Herstellen von Smoothies, Nussmilch, Saucen, Dressings und Suppen oder auch zum Pulverisieren von Nüssen, Samen & Körnern benutzt.

ZUCCHINI

KARTOFFEL

BOHNEN

REIS

GLUTEN FREE PASTA

QUINOA

KICHERERBSEN

SWEET POTATO

BASE INGREDIENTS I BASIS ZUTATEN

Hier sind ein paar Basis Zutaten, die ich durch das ganze Buch hindurch benutze.
Sie sind super schnell vorbereitet und sehr praktisch zu benutzen.

▪ Dattelpaste
Entsteinte Datteln und Wasser im Verhältnis 1:1

▪ Ingwerpaste
Frischer Ingwer in Stücken mit Wasser, 2:1
(Die Pasten werden einfach im Mixer auf höchster Stufe gemixt und halten sich
wunderbar im Kühlschrank mind. 1 Woche.)

▪ Der Green Mix
80 g Weizengraspulver, 40 g Spirulina, 20 g Matcha.
(Der Green Mix kann selbst angerührt werden. Du kannst natürlich die Mengen der einzelnen
Zutaten verändern, aber so ist es ein ausgeglichener Mix für Smoothies & Dressings.)

Ich benutze in meiner Küche keinen raffinierten weißen Zucker. Er ist stark verarbeitet und hat
dadurch wenige Mineralstoffe. Bei unserer Verdauung brauchen wir aber genau diese Mineralstoffe und um den Mangel auszugleichen, bedient sich unser Körper an unseren eigenen Mineral-
stoffspeichern, wie Knochen, Haut und Haaren. Der weiße Zucker raubt uns die wichtigen Nährstoffe und Vitamine, so schwächt er unser Immunsystem und wir werden anfälliger für Krank-
heiten. Dazu ist dieser Stoff kurzkettig und verbraucht sehr viel Insulin, unser Blutzuckerspiegel
schießt dann in die Höhe, man nennt das auch ein 'sugar high'. Aber nach einem 'high' kommt
schnell das 'down', so entstehen extreme Schwankungen und man wird unausgeglichen, gereizt
und launisch. Zucker macht süchtig.

Am besten probierst du es einfach selber aus und verzichtest einen Monat auf raffinierten weißen
Zucker. Beobachte dich dabei selbst und spüre, wie es dir dabei geht. Es ist wirklich spannend
und deine Sinne werden geschärft, deine Wahrnehmung für 'süß' verändert sich definitiv und
du wirst staunen, wo überall Zucker zugesetzt ist.

Das sind für mich genug Gründe mit Süßungsalternativen zu kochen, langkettigem Zucker, der
reich ist an Mineralstoffen und den Blutzuckerspiegel eher leicht ansteigen lässt und weniger
Insulin verbraucht, damit du mehr in deiner Mitte bleibst und dich ausgeglichener fühlst. Es ist
wichtig, für sich selbst herauszufinden, wie viel man 'süßen' muss und welches Süßungsmittel
für dich am besten schmeckt. Eine Regel gibt es: Weniger ist mehr!

MEINE SÜSSUNGSALTERNATIVEN:

▪ **Kokosblütenzucker**
ist reich an Mineralstoffen und schmeckt
nach Karamell.

▪ **Reissirup**
ist mein bevorzugtes Süßungsmittel. Er ist
fructose-frei, enthält stattdessen nur Glucose.
Durch den Reissirup steigt der Blutzuckerspiegel nur langsam an, so verbrauchst du weniger
Insulin, daher bleiben Heißhungerattacken
aus und du hast spürbar länger Energie.

▪ **Xylit**
wird aus Birken-, Buchenholz und anderen
Harthölzern hergestellt. Es unterstützt den
Erhalt der Zahnmineralisierung und wirkt an-
tibakteriell. Xylit hat sehr wenig Kalorien und
lässt den Blutzuckerspiegel kaum ansteigen.

▪ **Dattelpaste**

▪ **Früchte**
besitzen ihre eigene Süße und eignen sich
hervorragend zum natürlichen Süßen von
Speisen.

MEINE GEWÜRZE:

Zum Würzen verwende ich frische **Kräuter,
Ingwer, Kurkuma, Senf, Pfeffer, Knoblauch**
und gern mal etwas **Chili**.

▪ **Tamari** ist die fermentierte glutenfreie &
zuckerfreie Version der Sojasauce.

▪ **Ume Su** ist eine feinsäuerliche und fruchtige
japanische Würzsauce. Sie bildet sich bei der
Milchsäuregärung von Umeboshi-Aprikosen
und kann wie Essig verwendet werden.

MEINE CARBS (KOHLENHYDRATE):

▪ **Quinoa*****
ist ein Kohlenhydrat, das gleichzeitig dem
Körper Eiweiß liefert.

▪ **Wilder Reis**

▪ **Süßkartoffeln**

▪ **Kartoffeln**

▪ **Glutenfreie Spaghetti aus Reis/
Buchweizen oder schwarzen Bohnen**

▪ **Algen**

▪ **Selbsgemachte Zucchini Spaghetti**

*****Der Quinoa** *kann noch Spuren von Saponin
enthalten, die dem Pseudogetreide einen un-
angenehm bitteren und seifigen Geschmack
verleihen. Um das zu vermeiden, solltest du die
Samen vor dem Kochen gründlich waschen.
Am besten nimmst du ein feinmaschiges Sieb
und spülst sie unter fließendem warmen
Wasser gut ab.*

HIER EIN PAAR ALLGEMEINE GOOD-TO-GO SMOOTHIE MAKING TIPS:

1. Achte immer darauf, dass der Deckel richtig geschlossen ist – trust me, das geht schnell mal daneben oder auch mal an die Decke.

2. Wenn ich von EL spreche sind das Esslöffel und TL sind Teelöffel.

3. Du kannst die Süße immer individuell anpassen; jeder von uns hat eine andere Vorstellung, wie süß etwas schmecken soll.

4. Den meisten schmecken die Smoothies besser, wenn man die Eiswürfel so verwendet wie im Rezept beschrieben, sie spenden angenehme Kühle und geben auch etwas Flüssigkeit ab.

Aber wenn du Eiswürfel nicht magst, kannst du sie natürlich auch weglassen.

5. Grüne Smoothies lieber zweimal mixen, damit sich das Grün besser zerkleinern lässt und damit sich die Zutaten besser verbinden.

6. Die verwendeten Kräuter sollten so frisch wie möglich sein. Sind die benötigten Greens momentan nicht erhältlich, kannst du auch auf Tiefkühlware zurückgreifen.

7. Du kannst auch gefrorene Früchte benutzen, die sind sehr praktisch und kühlen zugleich.

HIER EIN PAAR ALLGEMEINE
GOOD-TO-KNOW COOKING TIPS:

1. Da Obst und Gemüse organische Lebensmittel sind, können sie sich auch mal anders verhalten, als hier beschrieben. Ich meine damit nur, es könnte mal sein, dass du eine Menge anpassen musst, wie z. B. einen Spritzer mehr Zitronensaft, falls die Zitrone steinhart war und kein Saft raus kam.

2. Du kannst immer beim Süßen und Würzen nach deiner Präferenz gehen.

3. Es ist sinnvoll, manchmal größere Mengen vorzubereiten, um sie dann im Kühlschrank aufzubewahren oder einzufrieren.

4. Das Buch ist so geschrieben, dass du viele unterschiedliche Rezepte miteinander kombinieren kannst, wie z. B. ein komplettes Dinner aus vielen unterschiedlichen Tapas (s. S. 86).

5. Keine Alles-oder-Nichts-Einstellung, es geht bei der bewussten Ernährung auch einfach darum, die richtige Balance zu finden. Dir zu verbieten oder dich zu zwingen, irgendetwas zu essen, bringt dir nicht so viel, höre lieber auf dein Bauchgefühl und verlasse dich auf deinen Körper.

6. Verschwende keine Zeit, Kalorien zu zählen, darum geht es hier nicht.

7. Hab Spaß an der Sache und sei lieb zu dir. Es ist schon der erste Schritt gemacht, wenn du das hier liest.

8. Einfach anfangen.

DRINKS & SMOOTHIES

Es gibt zwei Getränke, die ich morgens ritualmäßig trinke. Ich brauche morgens meistens etwas Warmes und bereite mir sehr gern Tee oder einen Alkalizer zu.

ALKALIZER

Die heiße Zitrone ist basisch und unterstützt den Körper dabei, sanft zu entgiften. Die Verdauung und verschiedene Körperfunktionen werden angekurbelt, und durch das Vitamin C wird dein Immunsystem gestärkt. Perfekter Start in den Tag.

ZUTATEN
½ Bio-Zitrone
½ TL Ingwerpaste oder ein Stück
   Ingwer gerieben
½ TL Reissirup
1 Glas Wasser

ZUBEREITUNG
Schneide die Bio-Zitrone in zwei Hälften und presse sie aus. Nun rührst du ein wenig Ingwerpaste hinein und wenn du magst ½ TL Süße. Jetzt erwärmst du das Wasser auf mittlerer Hitze (jedoch nicht zum Kochen bringen) und gießt es darüber.

Ich habe einen Wasserkocher, bei dem man die Temperatur einstellen kann, das ist sehr praktisch und empfehlenswert. Ich erhitze das Wasser auf 60 °C.

GRÜNTEE

Grüner Tee sollte stets frisch sein und möglichst in einer verschlossenen luftdichten Packung gekauft werden. Der Sauerstoff in der Luft lässt den Tee schneller altern und er verliert an Aroma. Grüner Tee wird am besten in einer Porzellan- oder Glaskanne zubereitet.

Der Tee sollte nicht mit kochendem Wasser überbrüht werden, da sich sonst Gerbstoffe lösen und Vitamine zerstört werden. Ideal sind circa 70-80 °C Wassertemperatur; sehr hochwertige japanische Grüntees werden zum Teil auch nur mit einer Wassertemperatur von 60 °C aufgegossen.

Am besten bringst du das Wasser zum Kochen und wartest einige Minuten bis dieses abgekühlt ist. Dann gießt du es über den Tee und lässt ihn ein bis 2 Min. abkühlen. Milde hochwertige Sorten können auch bis zu 4 Min. ziehen. Du kannst den Tee zweimal aufgießen, der zweite Aufguss schmeckt noch milder und enthält weniger Koffein.

WIRKUNG VON GRÜNEM TEE
Die positive Wirkung von Tee auf die Gesundheit ist schon lange bekannt: Er reguliert den Blutdruck, außerdem beruhigen die Gerbstoffe Magen und Darm. Neben den Vitaminen A, B, B12, C und Mineralien wie Kalium, Calcium, Fluorid enthält grüner Tee rund 130 wichtige Inhaltsstoffe, darunter die so wichtigen Flavonoide. Flavonoide sind Antioxidantien, d. h. sie können reaktive Sauerstoffverbindungen im Körper abfangen. Das ist sehr wichtig, um inneren Entzündungen vorzubeugen und das Immunsystem zu stärken. Ideal um morgens durchzustarten.

LEMONADE

Hier ist ein Rezept für eine eher traditionelle Lemonade, für die Erfrischung zwischendurch: Schnell gemacht und als Durstlöscher optimal. Dank der frischen Minze hat die Limo eine verdauungsfördernde Wirkung und der kühle Duft wirkt anregend auf dein Gehirn.

ZUTATEN

4 Bio-Zitronen
Abrieb von 1-2 Zitronen
80 g Reissirup oder circa 40 g Xylit
ein kleiner Bund frische Minze

1 L Mineralwassser (das spritzige)

ZUBEREITUNG

Zuerst wäschst du die zwei Zitronen, von denen du im Anschluss die Schale abreibst. Dann entfernst du das Weiße der Zitronen und gibst alle Zutaten in den Mixer.

Jetzt gibst du noch circa 50 ml Wasser hinzu. Alles auf höchster Stufe circa 1 Min. mixen. Dann mit dem Mineralwasser aufgießen, die Süße individuell anpassen und mit einem frischen Minzblatt dekorieren.

GRAPEFRUIT-BLOODORANGE-THYME LEMONADE

Die Kombination aus frisch gepressten Säften und Kräutern ist ideal für unsere homemade Lemonade. Du kannst hier selbst bestimmen, wie süß dein Erfrischungsgetränk werden soll. Die Grapefruit kann den Blutzuckerspiegel regulieren und wirkt als Immunsystem-Booster.

ZUTATEN

3 Grapefruits
2 Blutorangen (oder Orangen)
Abrieb von ½ Orange
3 TL Ingwerpaste
40 g Xylit oder 80 g Reissirup
eine kleiner Bund frischer Thymian

1 L Mineralwasser (das spritzige)

ZUBEREITUNG

Zuerst reibst du die Schale der Orangen – bitte vorher abwaschen und auf Bioqualität achten. Dann schälst du die Grapefruits und die Orangen. Dann gibst du alle restlichen Zutaten in den Mixer. Vom Thymian erst nur ein paar Blätter und später noch die ganzen Zweige als Dekoration hinzugeben. Auf höchster Stufe 1 Min. mixen.

Dann mit dem Mineralwasser aufgießen. Die Süße der Limo kannst du nach persönlichem Geschmack variieren. Auch die Intensität kann mit etwas mehr oder weniger Wasser angepasst werden.

CHOCOLATE CEREMONY

Dieser Smoothie ist wahrlich ein Fest. Die puddingähnliche Konsistenz und die gesunden Zutaten machen ihn unschlagbar. Er ist die Lösung, wenn mal die Stimmung kippt und ein toller Naschersatz. Das rohe Kakaopulver ist sehr reich an Magnesium, schützt die Zellen mit wichtigen Antioxidantien und liefert verschiedene Inhaltsstoffe, die das Glücksgefühl steigern. Happy times, auch ein super drink für die Kinder.

ZUTATEN

3-4 Eiswürfel
¼-½ Avocado
½ geschälte Banane
3-4 TL Dattelpaste
3-4 TL Kakaopulver in Rohkostqualität
1 Prise Salz
220 ml Kokosmilch (bzw. 8 oz.)
200 ml Wasser (bzw. 16 oz.)

ZUBEREITUNG

Zuerst gibst du die Eiswürfel in den Mixer. Dann schälst und entkernst du die Avocado. Man braucht nur ¼ der Avocado, wenn sie groß ist. Fällt sie etwas kleiner aus, benötigt man eine ganze Hälfte.

Jetzt gibst du die restlichen Zutaten in den Mixer und pürierst sie auf höchster Stufe bis eine glatte Konsistenz entsteht.

THE INCREDIBLE HULK

Dieser grüne Smoothie ist besonders gut für 'grüne Smoothie Beginner' geeignet. Er ist sehr fruchtig und frisch, aber dennoch megagrün und super zum Detoxen.

ZUTATEN

2-3 Eiswürfel
½ Zitrone
¼ Orange
¼ Avocado
3 TL Dattelpaste oder Süßungsmittel
   deiner Wahl
½ TL Ingwerpaste
1 Hand Spinat
1 TL vom Supergreen-Mix
   (siehe base ingredients)
440 ml Wasser (bzw. 16 oz.)

ZUBEREITUNG

Erst dein Obst und Gemüse schälen und alles in den Mixer geben. Auf höchster Stufe cremig pürieren.

 Frische Minze anstatt Supergreen-Mix

KING KALE

The Smoothie King is born. Er ist der Elvis der grünen Power Drinks. Der Grünkohl ist eine der nährstoffreichsten und gesündesten Gemüsesorten. Er liefert viel pflanzliches Eiweiß, Vitamine, Mineral- und Ballaststoffe, die deine Verdauung in Schwung bringen und dich länger satt machen.

ZUTATEN

3-4 Eiswürfel
¼ Glas tiefgekühlte Himbeeren
½ Orange
½ geschälte Banane
2 TL Dattelpaste
2 TL Gojibeeren
3 Priesen Zimt
1 Handvoll Kale (Grünkohl)
440 ml Wasser (bzw. 16 oz.)

ZUBEREITUNG

Zuerst gibst du die Eiswürfel in den Mixer. Wenn du aber deinen Smoothie nicht so gerne kalt trinken möchtest, lässt du sie einfach weg. Dann schälst du eine Orange und schneidest sie in zwei Hälften, falls die Orange sehr klein ist, kannst du die ganze nehmen.

Fülle das Glas, aus dem du den Smoothie später trinken möchtest zu einem Viertel mit gefrorenen Himbeeren und gebe sie in den Mixer. Jetzt schälst du die Banane und gibst eine Hälfte hinzu.

Zuletzt kommen die getrockneten Gojibeeren, das Zimtpulver und der Grünkohl dazu. Mit 440 ml Wasser auffüllen und auf stärkster Stufe circa 1 Min. mixen.

 Am besten grüne Smoothies zwei mal mixen, sodass wirklich eine glatte Konsistenz ohne Fasern entsteht. Alles Blattgrün wie Wildkräuter, Blattsalate, Petersilie etc. immer doppelt mixen.

RECOVERY COLADA

Dieser Smoothie hat es in sich, er gibt mir immer ein wenig Urlaubsfeeling. Er ist angenehm süß und fruchtig. Durch die Gojibeeren und das Kurkuma ist er außerdem geladen mit Antioxidantien und lebenswichtigen Nährstoffen. Eine Vitaminbombe und Eisenquelle. So gut kann 'gesund' schmecken.

ZUTATEN
3-4 Eiswürfel
½ Orange
½ Banane
⅓ Glas Ananas
2 TL Gojibeeren
½ TL Kurkumapulver
1 Spritzer Kokosöl
340 ml Kokos-Reis-Milch (bzw. 12 oz.)
schwarzer Pfeffer

ZUBEREITUNG
Zuerst gibst du die Eiswürfel in den Mixer. Dann schälst du die Orange und schneidest sie in zwei Hälften. Danach schälst du die Banane und fügst eine Hälfte hinzu. Wenn sie sehr klein ist, kannst du gern die ganze Banane benutzen.

Dann kommen zwei TL getrocknete Gojibeeren und ½ TL Kurkumapulver hinzu. Ein Spritzer Kokosöl zum Schluss und mit circa 340 ml Kokos-Reis-Milch (oder einer Pflanzenmilch deiner Wahl) aufgießen. Auf höchster Stufe circa 1 Min. mixen.

 Tipp *Wenn der Smoothie fertig ist, streust du schwarzen Pfeffer als Aktivator darüber, d. h. du erhöhst damit die Bioverfügbarkeit des Kurkumas.*

LAYERED BANANA-MACA-HIMBEER SMOOTHIE

Good to know - um den vollen Nutzen aus den nahrhaften Chiasamen zu erhalten, ist das Aufquellen essenti-ell. So kann die ganze Vielfalt an Vitalstoffen besser vom Körper aufgenommen werden. Außerdem entsteht so ein wesentlich höherer Sättigungseffekt. Eingeweichte Chiasamen erreichen circa zehnmal mehr Volumen als im getrockneten Zustand.

ZUTATEN FUR DEN PUDDING
4 EL Chiasamen
180 ml deiner Lieblingsmilch

ZUTATEN FUR DIE SMOOTHIEBASE
200 ml Kokosmilch
1 EL Chiasamen
2 TL Macapulver
1 reife Banane
3 EL gefrorene Himbeeren
1 TL Kokosöl
1 TL Xylit
1 Prise Salz
1 Prise Zimt

ZUBEREITUNG
Zuerst setzt du den Chia-Pudding an. Es ist wichtig, dass die Chiasamen aufquellen bevor du sie weiter verarbeitest. Bitte rühre die Samen gut in die Milch ein und lasse sie stehen, solange du den Smoothie vorbereitest.

Dann bereitest du den Smoothie vor. Gib alle Zutaten in den Mixer und püriere sie auf höchster Stufe circa 1 Min. Wenn dein Chia-Pudding nun schön fest ist, geht's los mit dem Schichten: am besten nimmst du ein langes Glas oder eine Schale und gibst als Grundlage eine Schicht Pudding hinein. Nun folgt eine Portion deines Smoothies und dann wieder etwas Pudding. Die Anzahl der Schichten kannst du nach der Gefäßhöhe richten. Besonders schön ist es, mit dem rosa Smoothie abzuschließen.

Als Topping kannst du frische Beeren und geröstete Kokos-flakes benutzen. Hier gibt es aber keine Grenzen, alles was dir schmeckt und Freude macht ist erlaubt.

 Du kannst die Chiasamen auch bequem über Nacht aufquellen lassen.

BREAKFAST

GREEN-SMOOTHIE-BOWL

Wenn es mal ein bisschen mehr sein soll als nur ein Smoothie, dann mach dir doch einfach eine Smoothie-Bowl. Der Unterschied zum Smoothie liegt darin, dass wir diese dicker machen und noch mit frischem Obst und Nüssen belegen. Ich liebe grüne Smoothies und gebe dir hier ein Rezept meiner all-time-favorites: Voll gepackt mit grünen Wunderzutaten, die dich natürlich beim Detoxen unterstützen. Spinat und Petersilie sind reich an Chlorophyll. In unserem Körper reinigt Chlorophyll das Blut, unterstützt die Leber und unsere Nieren bei der Entgiftung. Dazu noch Spirulina, das ist eine Alge, die einen atemberaubenden Anteil an Protein besitzt, es kann ja nicht grün genug sein, auch ein super Frühstück vor dem Sport. Go green!

ZUTATEN

1 Banane
¼ Avocado
¼ Zitrone
3 TL Chia
2 TL Xylit
2 Handvoll Spinat
1 kleine Handvoll Petersilie
1 TL Kokosöl
½ TL Spirulina (Algen)

mit Kokoswasser bis 200 ml
(bzw. 8 oz.) auffüllen

TOPPING

Kiwi, Brombeeren, Blaubeeren,
Blattgrün, Samen und Nüsse

ZUBEREITUNG

Erst schälst du die Banane und brichst sie in zwei Hälften. Dann schneidest und entkernst du die Avocado, von der du nur ein Viertel benötigst. Wenn sie aber sehr klein ist, kannst du auch eine Hälfte nehmen. Jetzt wäschst du den Spinat gründlich und gibst dann alle Zutaten in den Mixer.

Das Kokoswasser füllst du als letztes in den Mixbehälter. Das Ganze auf höchster Stufe zweimal mixen. Wenn es zu dick wird, gib einfach einen Schluck mehr Flüssigkeit hinzu. Sollte es dir zu flüssig sein, kannst du die zweite Hälfte der Banane hinzugeben oder ein bisschen mehr Avocado.

Bei dem Fruchttopping kannst du dich kreativ austoben und benutzen, was du zu Hause greifbar hast. Für unterschiedliche Konsistenzen empfehle ich immer ein wenig zu variieren mit Früchten, Nüssen, Samen oder Granola.

OVERNIGHT OATS AKA BIRCHER MÜSLI DELUXE

Diese fruchtige, gesunde Alternative ist die Antwort auf fertige Müslis. Die Overnight Oats sind präbiotisch*
und bringen mit den Leinsamen die Verdauung so richtig in Schwung. Außerdem liefert es viel Energie und
hält dich lange satt. Eine super foundation für den langen Tag. Plus minimaler Aufwand und perfekt zum
Mitnehmen für die Arbeit oder für unterwegs.

ZUTATEN

100 g Haferflocken
3 EL Sonnenblumenkerne
3 EL Leinsamenschrot
2 EL Kokosflocken
2 EL helles Sesam

1-2 Äpfel grob geraspelt
60 g tiefgefrorene Himbeeren
1 kleines Stück Ingwer gerieben
1 Prise Zimt
3 EL Xylit
1 Prise Salz
Abrieb von ¼ Bio-Zitrone
1 Schuss Zitronensaft

380 ml von deiner Lieblingsmilch

ZUBEREITUNG

Gebe zuerst die trockenen Zutaten in eine Rührschüssel. Dann raspelst du den Apfel und am besten im Anschluss auch gleich den Ingwer. Für den Ingwer empfehle ich eine Microblade Reibe. Nun hebst du die Himbeeren unter. Gieße deine Lieblingsmilch darüber; ich nehme hier meistens Kokos- oder Mandelmilch.

Nun vermengst du alle Zutaten gut und lässt den fertigen Müsli-Mix über Nacht im Kühlschrank stehen. Dadurch entwickeln sich die Flavors und die Overnight Oats dicken schön an. Aber wenn du es kaum abwarten kannst oder es mal schnell gehen soll, kannst du es natürlich auch sofort essen.

> *Du kannst die Beeren auch mal austauschen*

*Präbiotika (präbiotisch) dienen den wichtigen Bakterienstämmen in unserem Darm als Nahrung. Diese Bakterien benötigen wir für eine gesunde und ausgeglichene Darmflora, die wiederum unerlässlich ist für ein gesundes, aktives Leben.

CHOCO CHIA PUDDING
WITH CASHEW VANILLA CREAM & STRAWBERRIES

Alles schmeckt noch besser mit Schokolade, also rohem Kakaopulver. Ich finde, an manchen Tagen ist das morgens ein echter 'treat'. Der Pudding ist leicht und sommerlich, kann aber auch wunderbar als Dessert dienen. Die Chiasamen sind richtige Alleskönner. Sie sind sehr ballaststoffreich und helfen sogar beim Abnehmen. Durch den hohen Anteil an Magnesium wirken sie besonders gut gegen Stress. Für mich die perfekte Kombination: Chia und roher Kakao. Wer Chia in sein Leben lässt hat gewonnen, da es nur positive Eigenschaften hat.

ZUTATEN
50 g Chia
200 g Kokosmilch

SEASONING
3-4 EL Dattelpaste
1 Banane
3-4 EL rohes Kakaopulver
1 Prise Vanille
1 Prise Salz
200 ml Wasser

DEKO
Kakaonibs

ZUBEREITUNG
Zuerst gibst du das Flavoring in den Mixer und pürierst es einmal auf höchster Stufe. Gib dann die restlichen Zutaten in eine Bowl und vermische sie mit dem fertigen Schoko-Flavor.

Das Ganze lässt du 2-3 Std. ziehen und rührst zwischendurch mal um. Du kannst den Pudding auch einfach über Nacht im Kühlschrank stehen lassen, dann ist er perfekt am nächsten Morgen.

CASHEW VANILLA CREAM

*Wer braucht schon normale Sahne, wenn er Cashew Vanilla Cream hat?! Jeder, der diese Cream probiert, möchte nichts anderes mehr. Auch zu frischem Obst ein Highlight und im Nu gemacht. Cashewkerne sind eine super Eiweißquelle und haben einen hohen Magnesiumgehalt; ein happy food, das dein Gehirn und deine Nerven versorgt. **Die Cashews über Nacht in Wasser einweichen (das Wasser danach weggießen).***

ZUTATEN
100 g Dattelpaste
120 g eingeweichte Cashews
  (trockene Cashews 1 Std.
  in Wasser einlegen)
½ Teelöffel gemahlene Vanille
1 kleine Prise Himalayasalz
2 TL Xylit
100 ml Wasser

ZUBEREITUNG
Püriere alle Zutaten im Mixer glatt. Wenn es ein wenig zu sämig ist, einfach etwas mehr Flüssigkeit hinzugeben und nochmals mixen, sodass es zu einer sehr cremigen Masse wird.

Am besten stellst du die Cream direkt kalt.

 Tipp   *Hier habe ich frische Erdbeeren als Topping gewählt, aber das kannst du natürlich saisonal einfach anpassen.*

WHITE CHOCOLATE PORRIDGE MIT BRATAPFEL

Ich liebe Rezepte, die einfach und schnell sind, dazu mega lecker und gesund! Porridge gab es immer in meiner Kindheit, es ist ein sehr typisches Frühstück in Irland. Ich wollte es zu einem Superfood-breakfast machen, damit ich energiegeladen in den Tag starten kann. Deswegen verfeinere ich es mit echter Kakaobutter, die hat eine stimmungsaufhellende Wirkung. Sie nährt uns mit Vitamin K und E und ich finde sie rundet den Geschmack ab. Super für unsere Haut, kann gegen Falten vorbeugen. Auch der enthaltene Mineralstoff Kalium ist für die Gesundheit unserer Zellen sehr wichtig.

ZUTATEN

400 g Kokos-Reis-Milch
  (Mandel- oder Hafermilch)
60 g Haferflocken
2 TL Kakaobutter
1 EL Kokoschips
1 Messerspitze gemahlene Vanille
1 Prise Salz
1 EL Chia
1 großer Apfel
1-2 EL Sonnenblumenkerne

ZUBEREITUNG

Als erstes gibst du die Chiasamen in eine Tasse und mischst sie mit etwas Wasser an, damit sie aufquellen können. Stelle sie dann kurz zur Seite, da sie erst am Schluss in den Porridge gerührt werden.

Jetzt erwärmst du die Milch in einem Topf und rührst die Haferflocken ein. Gib das Salz, die Vanille und die Kakaobutter hinzu, lasse das Ganze kurz aufkochen und gebe zuletzt die Kokoschips dazu. Immer wieder dabei umrühren und nach circa 5 Min. ist es schon fertig.

Nun schneidest du den Apfel klein und brätst ihn bei mittlerer Hitze in etwas Kokosöl goldbraun an. Die Sonnenblumenkerne röstest du zusammen mit dem Apfel an, so entsteht ein stärkeres Flavor. Alles zusammen in eine Bowl geben und: ready to eat.

Du kannst am Schluss den Porridge mit einer Prise Zimt verfeinern.

 Tipp   *Du kannst für den Porridge auch eine Banane mit der Gabel zerquetschen oder 1 EL Mandelbutter mit einrühren.*

GLUTENFREE BANANABREAD WITH CHERRY FILLING

Ich bin mit Bananenbrot aufgewachsen, nur dass es immer normales Weizenmehl, Zucker und Butter enthielt. Im Prinzip eher 'oldschool': Zwar lecker, aber alles andere als gesund. Deswegen war ich hoch-motiviert, ein glutenfreies Bananenbrot zu backen, das genauso fudgy und lecker ist, aber mit dem Unter-schied, dass es mir so richtig gut tut. Durch die ausgewählten Zutaten ist es sehr ballaststoffreich und verdau-ungsfördernd. Du kannst bei der Füllung kreativ sein und sie beliebig anpassen, je nach Saison mit frischen Pflaumen, Aprikosen oder Himbeeren – alles ist möglich. Du kannst das Bananenbrot auch belegen und es ist super praktisch für unterwegs oder als Mitbringsel für family & friends.

TROCKENE ZUTATEN

4 EL Leinsamenmehl (Schrot)
4 EL gehäuftes Kokosmehl
50 g Kokosraspel
100 g Haferflocken
  (im Mixer fein gemahlen)
3 gehäufte EL Flohsamenschalen
  (circa 40 g)
1 EL Chia
1 Prise Salz

FEUCHTE ZUTATEN

200 g Kokosmilch
300 g Bananen
  (entspricht circa 4 Stück)

SEASONING

100 ml Kokosmilch
2 EL Kokosöl (flüssig)
60 g Xylit
4-5 EL Dattelpaste
1 TL Macapulver
1 Prise Zimt
Abrieb einer ¼ Zitrone
1 Schuss Zitronensaft
1 EL Weinstein-Backpulver

FILLING

100 g Kirschen (tiefgefroren)

ZUBEREITUNG

Die tiefgefrorenen Kirschen bitte separat aufbewahren. Erst wenn der Teig zur Hälfte in der Form ist, kommen die Früchte hinein.

Zuerst suchst du dir alle deine Zutaten zusammen und wiegst sie der Reihenfolge nach ab.

Deine trockene Zutaten können sofort in eine große Schüssel gegeben werden. Wichtig ist, dass du diese gut vermengst. Danach kommen die feuchten Zutaten, die Bananen und die Kokosmilch, wie auch das Seasoning in den Mixer. Auf höchster Stufe 1 Min. mixen, bis ein dicker Bananenbrei entsteht. Jetzt gibst du den Brei zu den trockenen Zutaten in die Schüssel und knetest die Masse stark durch, am Besten mit deinen Händen. Danach lässt du den Teig 15 Min. stehen, damit alle Zutaten aufquellen können und die Masse nachdickt. Währenddessen streichst du die geeignete Brotform mit etwas Kokosöl aus.

Du kannst jetzt auch deine Dekobanane schneiden; einfach längs in lange Scheiben. Anschließend fängst du damit an, die Hälfte deines Teiges in die Form zu drücken und gibst deine Früchte darauf. Mit der zweiten Hälfte des Teiges deckst du die Früchte zu und machst das Brot komplett.

Bananenscheiben obendrauf und ab in den 180 °C vorge-heizten Ofen. Für circa 55 Min. backen. Nachdem du das Brot fertig gebacken hast, kippst du es aus der Form (die Oberseite liegt nun zuunterst) und lässt es circa 10 Min. nachbacken. Lass das Brot im Anschluss auskühlen, dann kannst du es viel besser schneiden, da es wirklich sehr saftig ist.

 Je reifer die Bananen, desto süßer und besser geeignet zum Backen sind sie.

SUPERSEED BREAD (NUTFREE)

Für mich war es am Anfang schwer, kein normales Brot zu essen. Ich liebe so richtig frisches Körnerbrot, schon immer. Ich war nie so der Weißmehltyp. Aber um meinen Darm zu unterstützen war es wichtig, Gluten erstmal wegzulassen und dann den Konsum sehr einzuschränken. Da ich auf saftiges Brot stehe und oft glutenfreie Alternativen sehr trocken und hart sind, musste ich mir also etwas einfallen lassen. Zusätzlich leide ich auch noch an ein paar Nussallergien. Es war 'tricky', aber nicht unmöglich. Ich liebe das Ergebnis, mein Superseed-bread. Auf der nächsten Seite erkläre ich dir nochmal genauer wieso, weshalb und warum dieses Brot life changing ist.

TROCKENE ZUTATEN

250 g gemahlene Sonnen-
   blumenkerne
200 g gemahlene glutenfreie
   Haferflocken
100 g Leinsamenschrot
1 TL Salz
1 EL Xylit
2 EL Chiasamen
3 EL Flohsamenschalen

FLÜSSIGE ZUTATEN

470 ml Wasser
1 EL Kokosöl (falls es fest ist,
   am besten kurz erwärmen)
1 EL Kürbiskernöl

ZUBEREITUNG

Als erstes zerkleinerst du die Sonnenblumenkerne und die Haferflocken im Mixer oder im Food Processor. Den Leinsamen-schrot kannst du fertig kaufen oder auch selbst mahlen.

Dann gibst du alle trockenen Zutaten in eine große Schüssel und vermengst diese mit beiden Händen gut. Erst dann kannst du das Wasser hinzufügen. Am besten knetest du den Teig mit deinen Händen wieder stark durch, bis alles gut miteinander vermischt ist.

Am Schluss gibst du noch einen Schuss Kürbiskernöl dazu. Die Brotmischung muss circa 30 Min. aufquellen, damit die Zuta-ten richtig aufgehen können. Für circa 55 Min. im vorgeheizten Backofen auf 160 °C backen.

Nachdem du das Brot fertig gebacken hast, kippst du es aus der Form (die Oberseite liegt nun zuunterst) und lässt es noch circa 15 Min. nachbacken. Lass das Brot im Anschluss auskühlen, dann kannst du es viel besser schneiden, da es wirklich sehr saftig ist. Am besten bewahrst du es im Kühlschrank auf.

 Tipp *Du kannst das Brot in Scheiben schneiden und einfrieren. Dann einfach im Toaster grillen. Sehr lecker - wie frisch aus dem Ofen.*

WHY IT'S LIFE-CHANGING FOR YOU...

Ganz einfach, Ballaststoffe fördern die Verdauung. Sie binden Gifte im Körper, senken Blutfettwerte und helfen, den Blutzuckerspiegel zu regulieren. Das glutenfreie Superseed Bread besteht aus reinen Samen, Saaten und Körnern, die hochwertige Mineral- und Ballaststoffe liefern. Aufgrund des langsamen Ansteigens des Blutzuckerspiegels hast du ein längeres Sättigungsgefühl.

Der hohe Anteil von Leinsamen, Chiasamen und Flohsamenschalen versorgt dich mit Vitaminen und Mineralstoffen, Spurenelementen und Ballaststoffen, die deine Darmfunktion positiv beeinflussen und deinem Körper Energie liefern.

Flohsamenschalen helfen auch bei Reizdarm und liefern viel Eisen, das besonders wichtig in der veganen Ernährung ist. Auch ist das Superseed Bread, dank der Leinsamen, eine Quelle für die lebenswichtigen Omega-3-Fettsäuren, die essentiellen Fettsäuren, die nicht vom Körper selbst hergestellt werden können. Sie haben wichtige Funktionen, wie den Schutz eines gesunden Herz-Kreislaufes und wichtige Aufbauprozesse für Gehirn und Nervenzellen, Haut und Haare.

Mein auf haferbasierendes Superseed Bread hat einen extra hohen Gehalt an Proteinen. Proteine (Eiweiße) sind der Aufbaustoff in unserem menschlichen Organismus und helfen, den Blutzuckerspiegel zu regulieren. Sie aktivieren die Fettverbrennung, versorgen dich mit Vitalstoffen, steigern deine Leistungsfähigkeit und leiten Heil- und Reparaturprozesse in die Wege. Lebensnotwendig für ein starkes und leistungsfähiges Immunsystem!

DAS WICHTIGSTE ZUM MERKEN:

Das glutenfreie Superseed Bread versorgt dich mit Calcium, Magnesium, Vitamin B1 & B6, Eisen und pflanzlichen Omega-3-Fettsäuen und ist sehr ballaststoffreich, liefert viel Energie und kurbelt deinen Stoffwechsel an und hält dich lange satt.

SAUCEN & DRESSINGS

ORANGEN SENF VINAIGRETTE

Bei diesem Rezept handelt es sich um eine sehr fruchtige und milde Vinaigrette. Sie ist in weniger als zwei Minuten angerührt. Der Apfelessig ist für mich auch ein Superfood, denn er besitzt zahlreiche Vitamine, Mineralien und Spurenelemente. Apfelessig kurbelt die Verdauung an, ist ein sogenannter Fatburner, und besonders gut für Haut und Haare.

ZUTATEN
50 g Apfelessig
Frisch gepresster Saft einer Orange
1 TL Senf
1 TL Xylit
Salz und Pfeffer
120 ml fruchtiges Olivenöl

ZUBEREITUNG
Gebe alle Zutaten in einen Behälter und verrühre sie kräftig, bis die Sauce cremig wird.

 Tipp *Bei doppelter Menge kannst du die Vinaigrette im Mixer machen.*

MISO DRESSING

Wer Miso noch nicht kennt, sollte das ändern, denn die würzige Paste hat es in sich. Sie enthält jede Menge guter Nährstoffe und liefert reichlich Proteine. Dank der Milchsäurebakterien wirkt sich Miso positiv auf unseren Darm und Magen aus. Miso stammt aus der traditionellen japanischen und makrobiotischen Küche. Es eignet sich auch besonders gut für Suppen, Saucen und zum Würzen.

ZUTATEN
50 g fruchtiges Olivenöl
1 EL Shiso Miso
1 EL Nutritional Yeast (Hefeflocken)
Saft einer Zitrone
1 TL Xylit
1 Prise Salz

ZUBEREITUNG
Zuerst verrührst du das Shiso Miso mit einem Schluck heißem Wasser. Dann fügst du die Hefeflocken, den Zitronensaft, das Xylit und das Salz hinzu. Nun kannst du das Olivenöl damit verrühren. Das Dressing reicht für ein bis zwei Portionen oder für eine große Schale Salat.

LEMON TAHINI SAUCE

Diese Sauce ist für mich nicht wegzudenken. Sesam ist eine Quelle für wertvolle Nährstoffe wie die Kombination aus Calcium und Magnesium, stärkt die Knochen, hilft gegen Bluthochdruck und Schlafstörungen und verbessert die Durchblutung. Die Sauce passt zu sehr vielen Gerichten; wenn du sie einmal zubereitet hast, kannst du sie griffbereit im Kühlschrank haben. Sie hält sich mindestens 1 Woche, wie praktisch!

ZUTATEN

60 g Tahin hell
1 TL Himalayasalz
3 EL fruchtiges Olivenöl
1 EL geröstetes Sesamöl
3 EL Xylit
Saft einer Zitrone (circa 60 ml)
Abrieb einer ¼ Bio-Zitrone
120 ml Wasser
1 Knoblauchzehe (je nach Belieben)

ZUBEREITUNG

Gebe alle Zutaten in den Mixer und püriere sie auf höchster Stufe circa 1 Min. – die Sauce wird hell und cremig.

Schmecke die Sauce am Schluss nochmal mit Salz und Pfeffer ab. Manchmal kann es durch das Tahin oder durch billiges Olivenöl leicht bitter werden. In diesem Fall kannst du den 'Flavor' mit etwas Süße oder auch einem Schuss Zitrone ausbalancieren.

LEMON MUSTARD DRESSING

Hier habe ich ein Rezept für ein klassisches, frisches Zitronen Senf Dressing – perfekt für Salate oder einfach über gedämpftem Gemüse.

ZUTATEN

40 ml weißer Balsamico
60 ml Apfelessig
3 EL Reissirup oder Xylit
1 TL Salz
Abrieb einer halben Zitrone
1 gehäufter EL Senf
250 ml Olivenöl

ZUBEREITUNG

Alles im Mixer auf höchster Stufe mixen, bis eine homogene Masse entsteht. Das Dressing hält sich im Kühlschrank mindestens eine Woche: muss gegebenenfalls einfach nochmal umgerührt werden.

SUPERFOOD SPIRULINA DRESSING

Das ist eins meiner Lieblingsdressings, voller Superfoods und Spirulina-Algen. Aufgrund ihrer vielen Nähr- und Vitalstoffe werden sie oft als natürliches Entgiftungsmittel eingesetzt. Sie sind super zum Detoxen und weisen einen hohen Proteinanteil und Chlorophyllgehalt auf. Insgesamt haben sie eine basische Wirkung auf den Organismus. Das Dressing ist knallgrün.

ZUTATEN

150 ml fruchtiges Olivenöl
200 ml Wasser
60 ml Ume Su
40 ml Apfelessig
Saft einer halben Zitrone
4 EL Hanfsamen
3 EL weißes Tahin
2 EL Spirulina (trau dich!)
2 EL Xylit
1 Prise Salz

ZUBEREITUNG

Gib einfach alles für 1 Min. auf höchster Stufe in den Mixer. Am besten schmeckst du die Vinaigrette erst nach dem Mixen mit Salz und Pfeffer ab.

Dieses Rezept ist für eine größere Menge und kann im Kühlschrank für circa eine Woche aufbewahrt werden. Es ist super geeignet für Salat oder für Gemüse, Quinoa etc.

CARAMELISED BALSAMICO CREAM

Die Balsamico Cream ist gerade für herbstliche & winterliche Rezepte eine Ergänzung, wie zum geschmorten Kürbis, Wurzel- und Rübengemüse oder 'oven-roasted Asparagus with figs' siehe Seite 101

ZUTATEN
250 ml dunkler Balsamico
3 EL Kokosblütenzucker

ZUBEREITUNG
Gib deine Zutaten in einen kleinen Topf, lasse sie erst auf mittlerer Hitze kochen, bis der Kokosblütenzucker sich auflöst. Dann kannst du aufdrehen, sodass der Balsamico circa 5 Min. kocht, um ihn dann wieder auf geringer Hitze weiter köcheln zu lassen, circa bis zur Hälfte reduzieren. Dann ein wenig auskühlen lassen, sodass der Balsamico nachdicken kann.

Du kannst mit einem kalten Löffel einen Test machen, um zu prüfen, ob der Balsamico etwas langsamer rüberläuft und etwas dunkler geworden ist. Auch ist jetzt der richtige Zeitpunkt, etwas zu süßen oder sogar mit einer Prise Salz abzuschmecken. Je länger die Cream abkühlt, umso mehr härtet sie aus.

MISONAISE

Hier ist eine sehr gesunde Alternative zu Mayonaise. Sie ist komplett nussfrei – perfekt also für Allergiker.

ZUTATEN
80 g Shiso Miso (weißes)
150 ml Wasser
½ reife Avocado
Saft einer halben Zitrone
2 TL Xylit
1 Prise Salz
50 g Hefeflocken
80 ml fruchtiges Olivenöl

ZUBEREITUNG
Als erstes füllst du dir dein Olivenöl ab und stellst es zur Seite. Dann kommen alle restlichen Zutaten in den Mixer. Während der Mixer auf mittlerer Stufe läuft, lässt du das Olivenöl nach und nach hineinfließen.

Drehe den Mixer jetzt nochmal richtig auf, bis die Misonaise super cremig ist und glänzt. Im Kühlschrank aufbewahren.

HOMEMADE KETCHUP

Ich bin mir sicher, meine Mum muss jetzt lachen. Es war so klar, dass ich ein Ketchup-Rezept machen würde. Ihr müsst wissen, als Kind hatte ich den Spitznamen 'ketchup kid' und meine Mutter nervte das so sehr, was mir jetzt natürlich einleuchtet, nachdem sie immer so leckere Saucen gekocht hatte und ich aber Ketchup essen wollte. Unbelievable! Leider war mir früher nie bewusst, wie viel Zucker in normalem Ketchup enthalten ist, nämlich bis zu 50 g pro 100 g Ketchup. Das ist eine Menge! Dieses Rezept habe ich für die fünfjährige Jenny kreiert und für alle, die sich eine gesunde Alternative gewünscht haben, gepimpt mit Superfoods und natürlichen Zutaten, die süß und fruchtig sind, aber den Körper supporten.

ZUTATEN

1 rote Zwiebel
1-2 EL dunkler Balsamico
4-5 getrocknete Tomaten
200 ml passierte Tomaten
  (wenn möglich aus dem Glas)
50 ml Rote-Bete-Saft
50 ml Apfelsaft
2 EL Gojibeeren
1 EL Dattelpaste
1 EL Chiasamen
1 EL Kokosöl
1 Prise Salz

ZUBEREITUNG

Zuerst schälst du die Zwiebel und schneidest sie grob klein. In einer Pfanne dünstest du sie mit etwas Kokosöl und gibst 2 EL dunklen Balsamico hinzu. Für circa 4 Min. einkochen, sodass sie leicht karamellisiert.

Dann gibst du sie mit allen restlichen Zutaten in den Mixer und pürierst sie auf höchster Stufe. Es werden ein bis zwei Mixvorgänge benötigt, sodass eine cremige Ketchup-Konsistenz entsteht. Am Schluss mit Salz abschmecken.

CASHEW CHEESE CREAM

Ich bin ja ein sehr romantischer Mensch, manchmal mag ich es sogar 'cheesy'. Hier eine der leckersten Saucen, die du eigentlich mit fast allem essen kannst. Cashews sind eine super pflanzliche Proteinquelle und besitzen einen hohen Gehalt an L-Tryptophan, die Aminosäure, die im Körper zur Herstellung des Glückshormons Serotonin benötigt wird.

Die Cashews über Nacht in Wasser einweichen (das Wasser danach weggießen).

 Toll als Aufstrich auf dem glutenfree Superseed Bread!

ZUTATEN

250 g Cashews oder Cashewbruch
30 g Hefeflocken
1 EL Kapern
3-4 EL Zitronensaft (circa 1 Zitrone)
Abrieb einer viertel Bio-Zitrone
Salz, Pfeffer
1 mittlere Zwiebel
1 TL Kokosöl
3 EL dunkler Balsamico
circa 400 ml Wasser
½ Teelöffel Kurkumapulver

ZUBEREITUNG

Zuerst schneidest du die Zwiebel klein, dann brätst du sie auf mittlerer Hitze in etwas Kokosöl an. Anschließend fügst du den dunklen Balsamico hinzu und lässt das Ganze ein wenig einköcheln, bis die Zwiebelwürfel leicht karamellisieren, das erkennst du daran, dass der Balsamico vollständig von ihnen aufgenommen wurde.

Nun gibst du alle Zutaten und die Hälfte des Wassers in den Mixer und lässt ihn circa 1 Min. auf höchster Stufe laufen, dabei gibst du das restliche Wasser in Schüben dazu. Benutze gerne den Rührstab um unterstützend zu rühren, bis die Masse glatt und seidig wird. Es können 2-3 Mixvorgänge erforderlich sein, bis die gewünschte Cremigkeit erreicht ist.

Nach dem Umfüllen in einen neuen Behälter kannst du das Kurkumapulver für eine leicht gelbe Färbung einrühren. Immer abschmecken - manchmal braucht es noch einen Spritzer Zitronensaft oder etwas mehr Salz. Am besten direkt kalt stellen.

 Cashewbruch ist etwas günstiger und muss sogar nur 1-2 Stunden in Wasser eingelegt werden. Easy!

Meat Life Crisis

CASHEW KRÄUTERQUARK

Ideal zum Dippen, Streichen und als Beilage zu jeglichem Gemüse. Ein Highlight dank der frischen Kräuter und eine Wohltat für deinen Körper. Eine super Alternative zum normalen 'Quark'. **Die Cashews über Nacht in Wasser einweichen (das Wasser danach weggießen).**

ZUTATEN

250 g Cashews
   (eingeweicht für mind. 12 Std.)
1 TL Xylit
1 TL Salz
Saft einer halben Zitrone
1 EL Ume Su
Abrieb von einer halben Bio-Zitrone
1 EL Apfelessig
50 ml Olivenöl

SEASONING

20 g Petersilie (circa 1 Bund)
½ Bund Dill
½ Bund Schnittlauch
1 Knoblauchzehe (je nach Belieben)
1 Frühlingszwiebel
Pfeffer
50 ml Olivenöl

ZUBEREITUNG

Erstmal gibst du alle Zutaten (ohne Seasoning) in einen Smoothiebehälter, füllst 100 ml Wasser auf und mixt auf höchster Stufe.

Danach bereitest du das Seasoning und die Kräuter zu: Zupfe die Blätter der Petersilie und des Dills von den großen Stielen und hacke sie mit dem Schnittlauch grob. Alternativ kannst du die Kräuter auch im Food Processor zerkleinern, sodass ein grüner Mix entsteht, der gern noch ein wenig stückig sein darf. Gebe danach ⅓ des Seasonings zu der Cashew Cream in den Mixer und lasse für eine leicht grüne Farbe beides auf höchster Stufe 1 Min. mixen. Eine cremige schmand-ähnliche Masse mit sehr feinen Kräutern entsteht.

Fülle die Masse in einen neuen Behälter um und hebe die restlichen ⅔ des Seasonings unter. Wichtig ist, dass du den Kräuterquark gut verrührst und mit etwas Salz und Pfeffer, eventuell mit einem Schuss Zitronensaft, abschmeckst.

Wenn du den Kräuterquark im Kühlschrank aufbewahrst, wird er noch ein wenig fester.

 Tipp *Du kannst auch das ganze Seasoning mit in den Mixer geben. Dann wird der Quark eher grün, das schmeckt auch herrlich. Es gibt also zwei Varianten der Zubereitung.*

TAPAS & SIDEDISHES

BLACK TRUFFLE POPCORN

Als ich in New York zum Kochbuchfotoshoot war, wohnte ich in Brooklyn bei meiner Freundin Moriah. Sie weiß gutes Essen zu schätzen und zeigte mir ihre Lieblingsrestaurants in ihrer Hood. In einem Japanese Fusion Kitchen Restaurant gab es dieses life-changing Popcorn als Appetizer. Es war so lecker, dass wir es gleich drei mal nachbestellt haben. Ich war so begeistert, dass ich es irgendwie rekreieren wollte. Ich habe Moriah versprochen, dass ich es nach ihr benenne: Black. Sie heißt Black.

ZUTATEN
100 g Mais (Popcornmais)
1 großen EL Kokosöl
1 Prise Salz

FLAVORING
4 Spritzer Trüffelöl
1 Prise Salz

ZUBEREITUNG
Das Kokosöl in einem großen Topf stark erhitzen, bis es schmilzt. Das Salz in das flüssige Öl hineinrühren. Jetzt die Maiskörner hinzugeben, kurz mit dem Öl vermengen und dann schnellstmöglich einen Deckel auf den Topf geben.

Nach 2-3 Min. den Herd am besten ausschalten und den Topf öfter schütteln, sodass das Popcorn in Bewegung bleibt und sich das Kokosöl gut verteilt. Nun müsste es schon wild poppen.

Es dauert nur ein paar Minuten bis das letzte Korn gepufft ist. Sobald es fertig ist, in eine neue große Schale füllen und das Flavoring hinzugeben. Mit Salz abschmecken - ready to enjoy.

 Tipp Trüffelöl findest du im Bioladen

BEETROOT CARPACCIO

Entweder als kleine Vorspeise oder für einen knackigen raw salad ist die Rote oder Gelbe Bete perfekt. Sie hat durch ihren sekundären Pflanzenstoff Betain und durch ihren hohen Gehalt an Folsäure eine herzschützende Kraft und schmeckt dabei recht herb-süß: ideal für unsere Clean Eating Küche.

Perfekt zum Entsaften oder für Saucen und für natürliches coloring: siehe Pink Buddha Bowl Seite 140. Vorsicht, gerade die rote Rübe färbt auch gern mal Hände.

ZUTATEN

200 g Gelbe oder Rote Bete
40 g weißer Balsamico oder Apfelessig
80 ml Olivenöl
1 Prise Räuchersalz
1 TL Kokosblütenzucker
Frisch gemahlener schwarzer Pfeffer

DEKO

weißer & schwarzer gerösteter Sesam

ZUBEREITUNG

Die Bete schälen, bei der Roten Bete würde ich Handschuhe benutzen. Dann mit der Mandoline in ganz feine Scheiben schneiden. Das Dressing in einer Tasse anrühren, kurz abschmecken und die Bete circa 1 Std. darin marinieren lassen.

Für die Deko das Sesam in einer kleinen Pfanne ohne Öl erhitzen und 1-2 Min. leicht anrösten. Es entsteht ein schönes Röstaroma und das gibt unserem Carpaccio das gewisse Etwas.

WAKAME-GURKENSALAT

Algen essen... wait, what?! Aber ja! Wahrscheinlich ist es einfach nur ungewohnt; noch werden Algen in der deutschen Küche nicht benutzt. Aber ich verspreche dir, dass dieses Meeresgemüse eine der großartigsten Pflanzen unserer Natur ist und wirklich gut schmeckt. Am besten fängst du mit kleineren Portionen an und steigerst dich step by step. Auch in kleinen Mengen haben Algen eine große Wirkung für Haut, Haare, Knochen & Nägel. Jod ist eines der wichtigsten Spurenelemente, und wer keinen Fisch isst, kann das mit Algen wunderbar ausgleichen. Bemerkenswert ist auch die darmschützende & antibakterielle Wirkung und die Senkung des Cholesterinspiegels. Ein echtes Superfood und eine meiner Lieblingszutaten in the world.

ZUTATEN
1 EL getrocknete Wakame
1 Gurke
½ rote Zwiebel

DRESSING
3 EL Olivenöl
1 TL geröstetes Sesamöl
1 EL Ume Su
1 Zitrone (circa 20 g Zitronensaft)
1 TL Reisessig
1 TL Tamari
1 TL Xylit oder Reissirup

DEKO
schwarzer Sesam

ZUBEREITUNG
Zuerst lässt du die Algen circa 5 Min. in Wasser einweichen, damit sie aufquellen und ihre wahre Größe zeigen. Dann wäschst du sie am besten nochmal mit lauwarmen Wasser ab und lässt sie gut abtropfen. Nun die Gurke mit der Mandoline (Microblade) in ganz feine Scheiben schneiden. Die rote Zwiebel so klein und fein wie nur möglich hacken.

Danach verrührst du alle Zutaten für das Dressing einfach ordentlich mit dem Schneebesen oder einer Gabel. Eventuell musst du ein wenig mehr süßen, so wie es dir am besten schmeckt. Jetzt alles vermengen, mit etwas schwarzem Sesam dekorieren, fertig.

> *Tipp* "Spice things up!" mit ein paar Chiliflakes, aber nur wenn du 'scharf' drauf bist.

APFEL-KAROTTENSALAT

Das ist ein raw salad aus meiner Kindheit. Er ist sehr frisch und fruchtig, eine perfekte Beilage und genau das Richtige für zwischendurch, wenn der kleine Hunger kommt.

ZUTATEN
200 g Karotten
200 g Äpfel (1:1)

DRESSING
3 EL Apfelessig
1 EL Leinöl
Saft einer halben Orange
1 TL Ingwerpaste
2 TL Kokosblütenzucker
1 Prise Salz
Pfeffer aus der Mühle
1 EL Leinsamen

ZUBEREITUNG
Karotten und Äpfel klein reiben und vermengen. Dann die halbe Orange auspressen und die Zutaten für das Dressing nacheinander in den Saft rühren und abschmecken. Über die Karotten und Äpfel geben, Leinsamen drüber und fertig.

SUPERFOOD GUACAMOLE

Avocados und Guacamole sind für mich aus der Küche nicht wegzudenken. Avocados sind eine super Quelle für gesunde Fette und liefern nachhaltig Energie. Ich habe hier ein klassisches Rezept mit Spirulina Algen verfeinert. Spirulina ist eine hochwertige Proteinquelle, besonders wichtig bei einer veganen Ernährung.
You need your Protein !

ZUTATEN

2 reife Avocados
½ rote Zwiebel, fein gehackt
½ rote Paprika, in sehr kleine Würfel
  geschnitten
1 Knoblauchzehe (ohne Trieb)
  klein gehackt
Saft einer ½ Zitrone
4 EL natives Olivenöl
½ TL Spirulina
1 Handvoll Koriander, gehackt
Salz
Pfeffer

ZUBEREITUNG

Erst die reifen Avocados mit einer Gabel zerdrücken, dann die Zwiebel, Paprika und den Knoblauch vorbereiten und dazumischen.

Den frischen Koriander klein hacken und das Dressing anrühren und unterheben. Gut vermischen, mit Salz und Pfeffer abschmecken.

Gib ½ Teelöffel Spirulina in die Guacamole für den Superfoodkick und um sie leicht zu färben. Die Guacamole soll natürlich aussehen, nur ein wenig grüner.

SWEETPOTATO STICKS IM OFEN GEBACKEN MIT OREGANO

Süßkartoffeln sind für mich Comfort Food, ich verbinde damit immer ein Gefühl von Zuhause und Kindheit. Verrückt, wie uns manches Essen zurückversetzt, in Momente unseres Lebens. Davon abgesehen überzeugen Süßkartoffeln vor allem durch ihren hohen Gehalt an Vitamin A, Vitamin C und Eisen. Durch ihren niedrigen glykämischen Index lassen sie die Blutzuckerwerte langsamer ansteigen und sorgen so für ein längeres Sättigungsgefühl. Super Alternative zur normalen Pommes!

ZUTATEN

3 Süßkartoffeln
2-3 EL Olivenöl
1 TL weißer Balsamico
Prise Salz
Oregano

ZUBEREITUNG

Erst musst du die Süßkartoffeln gut putzen, waschen und eventuell ranzige Stellen rausschneiden. Ich lasse die Schale immer dran, but whatever works for you. Dann die Süßkartoffeln längs in Scheiben schneiden, um dann dünne Stifte zu schneiden. Danach rührst du das Olivenöl mit einem Schuss weißem Balsamico und etwas Salz an, gibst alles in eine große Schüssel und verreibst alles gut auf den Sweetpotato Sticks, am besten mit den Händen einmassieren - es ist wichtig, dass alle Stifte gut mit Öl bedeckt sind.

Den Ofen bei 180°C vorheizen & circa 12 Min. backen. Danach alles in eine hitzebeständige Schüssel geben, mit Oregano & Salz bestreuen und gut vermischen.

Dazu empfehle ich die Superfood Guacamole
(siehe Sidedishes/Tapas Seite 94) &
Homemade Ketchup
(siehe Dressings/Saucen Seite 79)

TAMARI BLATTSPINAT

Ich bin mit Popeye groß geworden und liebe Spinat tatsächlich. Hier ist eine leicht asiatisch angehauchte Version. Dieses Rezept ist in ca. 5 Min. fertig und steckt voller grüner Power. Wichtige Vitamine wie B2, C, A, E und K, Calcium, Eisen, Magnesium, Mangan, Zink, Selen, Phosphor, Kupfer, Protein, Folsäure und Ballaststoffe sind in dieser Kraftpflanze enthalten. Spinat ist für mich eines der wichtigsten Superfoods und ist wesentlicher Bestandteil meiner Küche. Go green!

ZUTATEN
250 g frischer Blattspinat
  (oder tiefgefroren)
1 kleine Zwiebel

PREMIX TAMARI
¾ TL Tapioka Stärke
150 ml Tamari
50 ml geröstetes Sesamöl
3 Knoblauchzehen
2 TL Kokosblütenzucker
Prise Chili (nur wenn du magst)

DEKO
heller Sesam

ZUBEREITUNG
Erst den Tamari Premix zubereiten; er ist super praktisch zum Würzen von den unterschiedlichsten Gemüsen. Zuerst rührst du separat die Tapioka Stärke in 50 ml kaltem Wasser an. Dann alle Zutaten in den Mixer geben und auf höchster Stufe circa 1 Min. pürieren.

Danach in einem kleinen Topf kurz aufkochen lassen, so entfalten sich alle Aromen und der Premix dickt an. Circa 5 Min. auf kleiner Flamme köcheln lassen. Tamari Premix im Kühlschrank aufbewahren.

Den gefrorenen Spinat auftauen lassen, den frischen Spinat waschen. Die Zwiebel schälen und in feine Scheiben schneiden; kurz in der Pfanne andünsten. Spinat zu den Zwiebeln geben und mit einer Prise Salz blanchieren. Dann kommt ein Spritzer vom Tamari Premix dazu und wird warm serviert. Enjoy!

 Tipp   *Der Premix eignet sich wunderbar zum Würzen von Gemüse. Du kannst ihn im Kühlschrank bis zu 1 Woche aufbewahren.*

OVEN-ROASTED ASPARAGUS WITH FIGS
BALSAMICO CREAM & WALNUT PARMESAN

Ich liebe Spargel, egal ob grün oder weiß. Die Spargelzeit ist für mich eine der besten Gemüsesaisons. Sein Geschmack ist kräftig und würzig, seine Wirkung vitalisierend. Das Gemüse enthält eine Menge Ballaststoffe und hat einen hohen Wassergehalt, sodass es leicht verdaulich ist. Das im Spargel vorhandene Inulin nährt darüber hinaus im Verdauungssystem die freundlichen Darmbakterien und sorgt so für eine gesunde und harmonische Darmflora.

ZUTATEN
200 g grüner Spargel
3 frische Feigen
1 EL fruchtiges Olivenöl
Salz
Pfeffer

ZUBEREITUNG
Erst wäschst du den grünen Spargel und schneidest die holzigen unteren Enden ab; falls die Haut sehr dick ist, kannst du den Spargel zusätzlich schälen. Den Spargel in etwas Olivenöl und Salz marinieren lassen. Die Feigen vierteln. Dann beides zusammen im Ofen bei 160°- 180°C circa 12 Min. lang grillen, bis der Spargel knusprig und leicht goldbraun angeröstet ist.

Mit ein paar Spritzern Balsamico Cream (siehe Seite 78) verfeinern und mit frischem Pfeffer und Walnuss Parmesan (siehe Seite 155) garniert servieren.

SWEET & SPICY ROASTED CARROTS

In Möhren finden sich große Mengen an Beta-Carotin, die im Körper in Vitamin A umgewandelt werden. Dieses unterstützt die Hautgesundheit effektiv und beugt der frühzeitigen Hautalterung vor. Auch die inneren Organe und die Augen profitieren von Vitamin A. Also her mit den Möhrchen!

ZUTATEN
250 g Karotten

FLAVORING
2 EL Reissirup
1 EL Olivenöl
¼ EL getrocknete Chiliflakes
1 TL Kurkumapulver
1 Prise Salz

ZUBEREITUNG
Den Ofen auf 180°C vorheizen. Dann verrührst du den Reissirup mit den Gewürzen und dem Olivenöl zu einer dicken Paste.

Nun wäschst und schälst du die Karotten und schneidest sie längs in lange Stücke (siehe Foto) oder einfach so, wie du es am liebsten magst. Diese vermischst du mit der würzigen Paste und lässt sie in der Marinade circa 5 Min. stehen. Anschließend werden sie circa 12. Min im Ofen goldbraun gebacken.

TOMATEN SALSA

Dies ist eine Raw Salsa und durch das frische Koriander unglaublich köstlich! Ich weiß aber auch, dass es zwei Arten von Menschen gibt: Diejenigen, die Koriander lieben (so wie ich) und solche, die es überhaupt nicht ausstehen können… Koriander ist eines der ältesten Küchenkräuter der Welt und wird als Heilpflanze in der asiatischen Küche seit Jahrhunderten eingesetzt. Der hohe Gehalt an gesundheitsfördernden Phytonährstoffen und die ätherischen Öle im Koriander sollen der Grund für die heilsame Wirkung sein. Insbesondere für Menschen mit Verdauungsbeschwerden, wie z.B. Blähungen, Durchfall oder Reizdarmsyndrom, ist er sehr empfehlenswert zu essen. Koriander fördert die Ausleitung von Giftstoffen.

ZUTATEN
300 g Tomaten-Concassé
  (aus circa 4 großen Tomaten)
½ rote Zwiebel
1 Handvoll Koriander

DRESSING
4 EL Olivenöl
2 EL Zitronensaft
Salz und Pfeffer

ZUBEREITUNG
Viertele die Tomaten und löffle die Kerne heraus. Danach schneidest du das Fruchtfleisch in möglichst kleine Stücke; es muss nicht perfekt sein. Die Zwiebel fein hacken und dazugeben. Den frischen Koriander von seinen Stielen befreien, klein hacken und unterheben.

Die Zutaten für das Dressing mischen und kurz abschmecken; darüber geben und fertig. Das Rezept ist sehr einfach, aber auch einfach super lecker. Hier geht es wirklich nach dem Motto: keep it simple!

TOMATEN TABOULE

Taboulé (auch Tabouleh oder Tabbouleh; arabisch تبولة, DMG tabbūla) ist ein Salat aus der arabischen, speziell der libanesischen und syrischen Küche. Ich habe es hier umgewandelt zu einem Superfood Salad mit Hanfsamen. In Hanfsamen stecken alle essentiellen Aminosäuren. Als Eiweißquelle sind die kleinen Kraftpakete also bestens geeignet. Und nicht nur das, sie punkten auch mit hohen Anteilen an Vitamin B1, B2 und E, Calcium, Magnesium, Kalium und Eisen sowie den gesunden Omega-3- und Omega-6-Fettsäuren. Natural High!

ZUTATEN
300 g Tomaten
1 Bund frische Petersilie
½ Zwiebel

DRESSING
4 EL Olivenöl
3-4 EL Zitronensaft
3 EL Hanfsamen
Salz und Pfeffer

ZUBEREITUNG
Zuerst die Tomaten waschen und halbieren, am besten die Kerne mit einem kleinen Löffel entfernen, und dann das übrige Fruchtfleisch klein schneiden. Die innenliegenden Kerne der Tomate verwässern jeden Salat etwas; sie müssen aber nicht unbedingt raus. Von der Petersilie die großen Stiele entfernen und die Blätter klein hacken. Die Zwiebel auch so klein und fein wie möglich schneiden. In einer Schüssel mit Petersilie und Tomatenwürfeln mischen.

Die Zutaten für das Dressing in einem separaten Behälter zusammengeben und gut verrühren. Mit Salz und Pfeffer abschmecken und über den Petersiliensalat geben. Abschließend mit den Hanfsamen dekorieren, du kannst nach Belieben gerne auch 1-2 EL Hanfsamen mehr dazugeben - sie sind so lecker und gesund!

YELLOW CHICKPEAS

*Das Rezept ist für eine relativ große Menge, da man die fertigen Kichererbsen super einfrieren kann.
Du kannst das Rezept auch einfach halbieren.*

ZUTATEN

500g Kichererbsen
  (in Wasser 12 Std. eingeweicht)
2 TL Salz
circa 1l Wasser
2 TL Kurkumapulver

DRESSING

4 EL Olivenöl
3-4 EL Zitronensaft
3 EL Hanfsamen
Salz und Pfeffer

ZUBEREITUNG

Zuerst die Kichererbsen gründlich waschen und am besten über Nacht in Wasser einweichen. Dann in einem großen Topf mit dem Salz und dem Kurkuma kochen.

Um zu überprüfen, ob die Kichererbsen fertig sind, kannst du versuchen, eine Kichererbse mit dem Finger zu zerdrücken. Wenn das einfach funktioniert und sie weich sind, sind sie fertig. Wenn nicht einfach noch ein paar Minuten länger köcheln lassen.

SPICY ROASTED CHICKPEAS

Um die Kichererbsen noch scharf anzurösten ist hier eine Marinade.

ZUTATEN

ca. 300g gekochte Kichererbsen
2 EL Avocadoöl oder
  geröstetes Sesamöl
½ - 1 TL Chillipulver
1 EL Reissirup

ZUBEREITUNG

Kurz anrühren und in einer großen Schale mit den gekochten Kichererbsen vermengen.

Den Backofen auf 160° vorheizen und für circa 12-15 Min unter dem Grill rösten. Zwischendurch ein paar mal umrühren, so dass sie von allen Seiten braun werden.

MISO BEAN HUMMUS

Hummus ist essenziell beim Clean Eating. Es passt zu allem, ist sehr leicht zu machen und kann auch wunder-bar als Brotaufstrich dienen. Hier eine leckere Alternative zu der traditionellen Version mit Kichererbsen. Denn weiße Bohnen haben viel Eiweiß, wenig Fett und sind komplexe Kohlenhydrate, Ballaststoffe und ein echtes Wellness-Food.

ZUTATEN

450 g weiße Bohnen, vorgekocht
  oder frisch

SEASONING

40 ml Wasser
3 EL weißes Tahin
1 Knoblauchzehe
1 EL geröstetes Sesamöl
2 EL Ume Su
1 TL Shiso Miso
2 TL Xylit
Saft einer halben Zitrone
Salz und Pfeffer

SPICY ROASTED CHICKPEAS

(siehe Seite 103)

ZUBEREITUNG

Frische Bohnen zuerst 24 Std. in Wasser einlegen, danach noch-mal abwaschen und anschließend in einem Topf mit frischem Wasser und einer großen Prise Salz circa 1 Std. weich kochen.

Die vorgekochten Bohnen mit heißem Wasser abwaschen und dann direkt in den Mixer geben. Das Seasoning hinzugeben und auf höchster Stufe mixen. Beim Abschmecken darauf achten, dass es durch das Tahin nicht zu bitter wird, in diesem Falle einfach ein bisschen mehr Xylit und eine Prise Salz hinzu-geben oder auch durch einen Schuss Zitrone ausbalancieren. Fertig!

IDEEN
Gleich nach dem Zubereiten mit Gemüsesticks wie Sellerie & Karotten anrichten. Oder einfach so aufs Brot schmieren - eine super Alternative zu Butter, Quark & Co.

ROSENKOHL MIT CASHEW CHEESE SAUCE

Als Kind war ich kein so großer Fan von Rosenkohl, aber heutzutage kann ich nicht genug davon bekommen. Er ist super als Beilage und hat es auch echt in sich: Er ist eine der ballaststoffreichsten Gemüsesorten. Rosenkohl stärkt dein Immunsystem und wirkt entzündungshemmend. Durch die Cashew Cheese Sauce schmeckt dieses Rezept sogar meistens auch Rosenkohl-nicht-Essern. It does the trick!

ZUTATEN

250g Rosenkohl, frisch oder TK
Tamari Premix (siehe Seite 96)
1 TL Kokosöl
Salz
Pfeffer
Schwarzer Sesam

CASHEW CHEESE CREAM
siehe Seite 80

ZUBEREITUNG

Den tiefgekühlten Rosenkohl auftauen lassen; frischen Rosenkohl waschen, die äußeren, welken Blätter entfernen und ihn in ca. 15-20 Min. in Salzwasser kochen, bis man mit einer Gabel durch ihn durch piken kann.

Den gegarten Kohl in der Mitte durchschneiden. Wenn die Röschen sehr klein sind, diese ganz lassen. Eine Variation von kleinen & großen Röschen sieht auch optisch ansprechend und sehr appetitlich aus.

Das Kokosöl in einer Pfanne bei mittlerer Hitze schmelzen lassen und den Rosenkohl darin circa 5-7 Min. anbraten. Einen Spritzer Tamari Premix hinzugeben und mit Salz und Pfeffer würzen.

Wenn der Rosenkohl fertig ist, kommt die Cashew Cheese Sauce drüber. Mit schwarzem Sesam garnieren.

PINK KIMCHI

Kimchi ist eine traditionelle Beilage Koreas. Ich habe hier ein etwas abgewandeltes Rezept mit Rotkohl, so färbt sich alles pink. Kimchi hat sehr viele Nährstoffe und zählt zu den gesündesten Gerichten weltweit. Durch den Prozess der Fermentation entstehen Milchsäurebakterien, die bei der Verdauung helfen und den Darm reinigen. Kimchi stärkt auch das Immunsystem und soll sogar vorbeugend gegen Krebs sein.

ZUTATEN
500 g Spitzkohl
250 g Rotkohl
1-2 Karotten
½ rote Paprika
Salz

SEASONING
¼ rote Paprika
1 Frühlingszwiebel
1 Knoblauchzehe
4 EL Kokosblütenzucker oder
  Agavendicksaft (das lieben
  die guten Bakterien)
1 EL Ingwerpaste
Etwas Chili

ZUBEREITUNG
Zuerst die Kohlköpfe in feine Streifen schneiden und sie in einer Schüssel mit circa 2 EL Salz einmassieren. Dabei bitte Handschuhe tragen! Die Streifen sollst du so lang durchkneten, bis genug Saft und rosa Farbe aus ihnen hervorgetreten ist.

SEHR WICHTIG ist, genauso viel Saft wie Kohl zu haben, denn dieser ist der wichtigste Bestandteil für die Fermentation. Die Karotten und die Paprika in feine Streifen schneiden.

Alle Zutaten für das Seasonig in den Food Processor geben und klein häckseln, danach mit dem Kohl vermengen. Jetzt brauchst du ein steriles, luftdichtes Glas, das du gut verschließen kannst. Darein füllst du den Kohl, und zwar so, dass am Schluss noch ein wenig Platz bis zum Deckel bleibt und die obere Schicht aus Saft besteht. Das erreichst du am besten, wenn du immer nur ein wenig Masse ins Glas gibst und dann mit der (behandschuhten) Faust nach unten drückst, damit der Saft heraustritt. So verfährst du, bis oben noch ca. 4 cm Platz bleiben. Dann muss der Behälter luftdicht verschlossen werden.

 Nach 24 Std. - das ist WICHTIG - einmal kurz öffnen um die Gase zu befreien, danach wieder fest schließen. Bei Raumtemperatur dunkel aufbewahren. Drei Tage fermentieren lassen, danach ab in den Kühlschrank.

Man kann bis zu einer Woche fermentieren, je nach Belieben; es wird dabei noch saurer - aber probiere es aus; es ist jedes Mal spannend, schmeckt anders und ist dazu einfach mega gesund!

Während der Ruhezeit kommt es zu einer anaeroben Fermentation; d.h. Gärung ohne Sauerstoff. Wenn der Kohl also in seinem Saft in einem luftdicht versiegelten Gefäß bei Zimmertemperatur steht, sind genau die richtigen Bedingungen für die Lactobacillus (oder Milchsäurebakterien) geschaffen und sie können wachsen, gedeihen und sich vermehren.

FERMENTIEREN & EINLEGEN

Das Einlegen (pickling) von Gemüse ist eine natürliche Art zum Konservieren von Essen und kreiert einen sauren Flavor, der eine sehr leckere Beilage und Beigabe zu fast jedem Gericht ist, insbesondere zu Sandwiches, Salaten, Reis & Quinoa, gekochtem Gemüse und auch als Suppeneinlage.

Durch den Fermentationsprozess entstehen gute Bakterien, die wichtig sind für einen gesunden Darm und ein starkes Immunsystem.

Das Essen wird leichter bekömmlich und ist einfacher zu verdauen. Durch die Bakterien wird die Nahrung aufgespalten, so kann dein Körper die Nährstoffe besser aufnehmen und verwerten. Die fermentierten Speisen sind reich an probiotischen Bakterien. Durch diese Bakterien wirst du mit mehr Vitaminen und Mineralien versorgt und sie unterstützen deinen Körper beim Entgiften.

HAPPY BELLY!

LUNCH

DETOX SALAD

Bitter und süß, wie das Leben, die Grapefruit hat es in sich und macht rundum gesund. Ihre positive Wirkung auf Magen und Darm hilft sogar beim Abnehmen. Zusätzlichen Schutz für die Zellen und dein Immunsystem bringt das relativ üppig enthaltene Vitamin C & die verschiedenen B-Vitamine. Eine "Power-Zitrusfrucht", die es sich empfiehlt, öfter zu essen.

ZUTATEN

1 Grapefruit
1 kl. Fenchelknolle
30 g Frühlingszwiebeln
150 g Babyspinat
frische Kräuter: Minze, Dill,
  Koriander nach Belieben
¼ Granatapfel
3 EL Pinienkerne

DRESSING

4 EL Olivenöl
1 EL Ume Su
2 El Apfelessig
Saft einer ½ Grapefruit
1 TL Xylit
Salz
Pfeffer

ZUBEREITUNG

Erst schälst du die Grapefruit und schneidest Filetstücke raus. Es ist am einfachsten, wenn du oben und unten erst die Deckel abschneidest und dann die Schale rundherum. Am besten ist es dann die Grapefruit zu halbieren und Filets rauszuschneiden. Mit ein bißchen Übung wirds immer einfacher. Das Weiße der Grapefruit ist sehr bitter, deswegen versuche nur das Fruchtfleisch rauszuschneiden.

Dann kannst du als nächstes den Fenchel mit der Mandoline (Microblade) ganz fein schneiden. Falls der Fenchel Blätter hat, kannst du sie mit in den Salat mischen, die schmecken sehr gut und sehen toll aus.

Die Frühlingszwiebel auch in ganz feine Stücke schneiden, ein wenig asymmetrisch Asian Style, wenn möglich. Dadurch entstehen interessante Dynamiken. Die frischen Kräuter geben dem Salat diese unglaubliche Frische, gerade die Minze ist schmackhaft, einfach die großen Stiele entfernen und grob klein hacken. Granatapfelkerne als Deko hinzugeben.

Jetzt rührst du das Dressing an und kannst es mit Salz & Pfeffer abschmecken.

Zum Abschluss röstest du die Pinienkerne in einer Pfanne ohne Öl an, bis sie goldbraun sind. Das geht ganz schnell und gibt richtig Flavor.

GRILLED PEARS & CHARD SALAD WITH TEMPEH CRUST

Aufgrund seiner tollen Farbe ist Mangold einfach nur ein Highlight und gilt außerdem als Naturheilpflanze. Neben seinem hohen Gehalt an Mineralstoffen, wie vor allem Eisen, Phosphor, Kalium und Magnesium, glänzt Mangold besonders mit reichlich Vitamin A und empfiehlt sich dadurch für unseren Speiseplan. Das leicht Bittere des Mangolds harmoniert gut in Kombination mit Früchten und schmeckt richtig lecker.

ZUTATEN

2 Birnen
100 g geräucherter Tempeh
250 g bunter Mangold
200 g Feldsalat, Rucola, Postelein
　(auch Tellerkraut genannt)
Eine Handvoll Kürbiskerne
2 EL Hanfsamen
1 Schuss Tamari Sauce

DRESSING

Orangen Senf Vinaigrette
　(siehe Seite 74)

DEKO

½ Granatapfel

ZUBEREITUNG

Als allererstes den Mangold waschen und in daumenbreite Stücke schneiden, mit etwas Salz massieren & kurz stehen lassen. So wird der Mangold weicher und verliert an Bitterkeit.

Die Birnen waschen und einfach mit Schale in gleichgroße Schnitze schneiden, am besten acht oder zwölf, je nach Größe. Mit etwas Kokosöl bestreichen und in einer Pfanne anbraten. Falls die Birnen sehr klein sind, gut aufpassen – sie sind sehr schnell weich gebacken.

Den Tempeh zerbröseln oder in kleine Stücke schneiden, dann in etwas Kokosöl scharf anbraten und mit einem Schuss Tamari Sauce ablöschen. In einer weiteren Pfanne den Mangold mit etwas Wasser blanchieren und anschließend 2-3 Min. lang scharf anbraten.

Als Letztes den frischen Salat waschen und alles zusammen vermengen und mit Orangen Senf Vinaigrette beträufelt anrichten.

Zur Dekoration ein paar Birnen an den Seiten rausstehen lassen und obendrauf Granatapfelkerne streuen.

Come Clean

AMAZING GREEN ASPARAGUS SALAD BOWL
WITH AVOCADO SQUARES & MISO DRESSING

So ein richtig großer saftiger Salat darf bei gesunder Ernährung nicht fehlen. Ihr könnt hier jede Art von Salat nehmen, im besten Falle wird es bunt. Der grüne Spargel ist ein reinigendes Gemüse, welches fast gar keine Kalorien hat, aber dafür Ballaststoffe, B-Vitamine und bioaktive Pflanzenstoffe liefert. Grüner Spargel gehört zu meinen absoluten Favoriten und ist auch super zum Brühe kochen.

ZUTATEN
250 g grüner Spargel
1 Avocado
kl. Bund Radieschen
40 g Frühlingszwiebeln
180 g Wildkräutersalat, Rucola oder Feldsalat
4 EL Hanfsamen

DRESSING
Miso Dressing (siehe Seite 74)

ZUBEREITUNG
Zuerst schneidest du die unteren Enden vom Spargel ab und, falls die Haut sehr dick ist, schälst du ihn noch dünn ab. Danach teilst du ihn so, dass drei gleich lange Stücke entstehen – am besten ein wenig schräg schneiden. Nun blanchierst du den Spargel in einem kleinen Topf oder einer Pfanne mit etwas Wasser für circa 3 Min. bis er al dente (bissfest) ist, er soll knackig bleiben. Dann kurz unter kaltem Wasser abschrecken und zur Seite stellen.

Mit der Mandoline oder einem scharfen Messer die Radieschen in feine Scheiben schneiden; dabei gern etwas Grün dran lassen: sieht cool aus und kann man auf jeden Fall mitessen.

Jetzt auch die Frühlingszwiebel in feine Scheiben schneiden. Den Wildkräutersalat gut waschen und abtropfen lassen. Von der Avocado den Kern entfernen und sie in kleine Würfel oder Scheiben schneiden. Jetzt alles vermengen, die Hanfsamen dazu und das Miso Dressing darüber geben.

PHO-BIDDEN SOUP

Dieses Rezept ist eine Geheimwaffe, eine wärmende heilende Suppe, die in allen Lebenslagen und zu allen Jahreszeiten immer eine gute Idee ist. Die frischen Zutaten unterstützen nicht nur Magen und Darm, sondern stärken das ganze Immunsystem und wirken entzündungshemmend. Diese besondere Kombination ist unschlagbar und hilft gegen Bauchschmerzen, Kälte und Kummer: Ein Allround-Talent!

ZUTATEN

3 kleine Zwiebeln
2-3 Karotten
2-3 Pastinaken
1 Fenchelknolle
100 g Pilze (Kräuterseitlinge, Shiitake, Austernpilze)
1 großes Stück Ingwer
3 Knoblauchzehen
1,5 cm lange frische Kurkumawurzel
2 EL getrocknete Wakame
2 Pak Choi
1 Lauchzwiebel
½ EL Kokosöl
frische Kräuter (Koriander, Thai-Basilikum, Minze,)
250 g Reisnudeln

SEASONING

2 EL Tamari
2 EL Apfelessig
1 EL Miso
1 EL Ume Su
1 EL Reissirup
1 Limette
1 Zimtstange
1 kleine Chilischote (wer mag)
Salz und Pfeffer

FILLING

1 Avocado

ZUBEREITUNG

Zuerst die Zwiebeln, Karotten und Pastinaken schälen und klein schneiden. Dann den Knoblauch in feine Stücke schneiden. Jetzt all diese Zutaten in einem großen Topf mit etwas Kokosöl erhitzen. Den Ingwer dazu reiben und alles anrösten. Nun kommen die Pilze mit dazu. Mit 2 EL Tamari ablöschen.

Währenddessen kannst du circa 1,5-2 l Wasser kochen und hinzugeben. Jetzt ist der richtige Zeitpunkt für die getrockneten Algen und den in Scheiben geschnittenen Kurkuma, einfach direkt mit in die Suppe geben.

Das restliche Seasoning mit hinzu und nochmal alles zusammen aufkochen lassen. Mit Salz abschmecken. Nach circa 2 Min. mit der Hitze runter gehen und auf kleiner Stufe circa 30 Min. leicht köcheln. Die Reisnudeln werden in einem weiteren Topf in Salzwasser circa 3-5 Min. gekocht.

Inzwischen Minze, Koriander und Thai-Basilikum waschen und trocken schütteln. Die Blätter abzupfen und klein hacken. Die Lauchzwiebel und Chilischote in kleine Ringe schneiden. Die Limette heiß abwaschen und vierteln. Nun kannst du deine Einlage vorbereiten. Avocado in zwei Hälften schneiden, den Kern entfernen und feine Slices rausschneiden.

Zum Servieren zuerst die Reisnudeln in eine große Schüssel oder einen tiefen Teller geben, Kräuter und Frühlingszwiebeln darauf verteilen. Anschließend deine Avocado Slices darauf legen und alles mit heißer Brühe übergießen und mit Limettenstücken und Chili verfeinern.

GEGRILLTER FENCHEL, RAINBOW KAROTTEN, GELBE PAPRIKA MIT QUINOA & BABA GHANOUSH, OLIVEN & MIXED GREENS

Auberginen gibt es in verschiedenen Arten, Formen und Farben. Frische Auberginen erkennt man an ihrer glänzenden, glatten Oberfläche. Die bei uns bekannteste Aubergine ist dunkelviolett und hat eine rundovale Form. Auberginen schmecken nicht nur gut, ihnen wird auch eine heilende Wirkung nachgesagt. Man kann sie füllen oder in Scheiben schneiden, braten etc. Hier machen wir aber einen leckeren Dip daraus.

ZUTATEN
120 g Quinoa
2 Fenchelknollen
ein kl. Bund bunte Karotten
1 gelbe Paprika
frische Petersilie
Olivenöl

BABA GANOUSH
3 Auberginen (400 g)
4-5 getrocknete Tomaten
frischer Knoblauch nach Belieben
2 EL Zitronensaft
3 EL Olivenöl
1 ½ TL Kokosblütenzucker
¼ TL Kreuzkümmel
etwas Wasser

EXTRAS
Oliven
etwas Blattsalat
Lemon Mustard Dressing
   (siehe Seite 76)

ZUBEREITUNG
Es ist wichtig den Quinoa mit warmen Wasser abzuspülen, bevor du ihn kochst. Dann in einem kleinen Topf oder im Reiskocher mit etwas Salz ca. 20 Min. kochen.

Für das Baba Ghanoush wird der Ofen zuerst auf 180 °C vorgeheizt. Dann werden die Auberginen in zwei Hälften geschnitten und mit etwas Olivenöl eingerieben und auf einem Blech für circa 25 Min. gebacken. Die Auberginen sollen richtig durchgebacken, weich und saftig sein. Kurz abkühlen lassen, dann kannst du mit einem großen Löffel das Innere herausholen und in den Mixer geben (ohne Schale).

Nun fügst du die restlichen Zutaten hinzu und pürierst alles auf höchster Stufe. Eventuell brauchst du noch 1 EL Flüssigkeit (Wasser oder Olivenöl) zusätzlich.

Schneide die Fenchelknollen in mundgerechte Stücke. Die Karotten halbierst du der Länge nach. Von der Paprika entfernst du die Kerne und die weißen Innenhäute (die schmecken bitter) und zerkleinerst sie grob. Das Gemüse in einer kleinen Pfanne mit etwas Olivenöl bei mittlerer Hitze anbraten. Wenn es bissfest ist, mit Salz und Pfeffer abschmecken und die frische Petersilie klein hacken und unterheben.

Jetzt auf etwas Blattsalat zusammen mit dem Quinoa, den Oliven und dem Baba Ghanoush anrichten und das Lemon Mustard Dressing darüber träufeln.

 Tipp   *Das Baba Ghanoush ist auch lecker als Brotaufstrich.*

RAINBOW REISNUDELSALAT
MIT SCHWARZEM SESAM UND GERÖSTETEN PINIENKERNEN

Dies ist ein lauwarmer Reisnudelsalat, sehr frisch & leicht, perfekt für den Frühling, Sommer oder Herbst, oder eigentlich immer. Anstatt Pinienkernen kannst du auch andere Nüsse verwenden, z. B. Cashews, Paranüsse oder Erdnüsse – worauf du gerade Lust hast. Nüsse sind eine gesunde Proteinquelle und versorgen dich mit viel Kraft.

ZUTATEN
½ Kopf Rotkohl
½ Kopf Spitzkohl
3-4 bunte Karotten
2-3 Stangen Sellerie
½ rote Paprika
1 Frühlingszwiebel
200 g weiße Reisnudeln
3-4 EL Pinienkerne
frische Kräuter wie Minze, Koriander & Thai-Basilikum

DRESSING
2 EL geröstetes Sesamöl
3 EL Oliven Öl
2 EL Apfelessig
Saft einer ½ Orange
1 TL Ingwerpaste
1 TL Kurkumapulver
schwarzer Pfeffer
1-2 TL Kokosblütenzucker

ZUBEREITUNG
Den Rot- und Spitzkohl schneidest du in ganz feine Streifen und massierst diese mit etwas Salz ein, sodass eine leichte Schwitze entsteht.

Dann mit einem Schälmesser die Karotten in feine Scheiben hobeln. Sellerie und Paprika so fein wie möglich schneiden. Alles gut miteinander in einer Schüssel vermengen. Die Zutaten für das Dressing mischen und dazugeben. Die Pinienkerne in einer kleinen Pfanne ohne Öl anrösten.

Die Reisnudeln sind schnell gemacht. Gib dafür Wasser in einen Topf mit etwas Salz und bringe es zum Kochen. Die Reisnudeln für circa 5 Min. kochen.

Nach dem Abgießen den Salat auf die Reisnudeln drapieren und mit den frischen Kräutern und den gerösteten Kernen dekorieren.

FARMER'S BOWL
ZWEIERLEI KÜRBIS MIT STECKRÜBEN STAMPF. MAIRÜBCHEN SALAT. MIXED GREENS MIT GRANATAPFEL & BALSAMICO CREAM

Eine richtig wärmende Bowl, etwas deftig und perfekt für den Herbst. Steckrübe erinnert mich immer an meine Kindheit und ich verbinde damit ein Stück Irland.

ZUTATEN
½ kl. Hokkaido Kürbis
1 Knoblauchzehe
Thymian
Salz
Pfeffer
½ kleiner Butternut Squash
1 rote Zwiebel
Kreuzkümmel
Olivenöl

ZUBEREITUNG
Den Hokkaido kannst du ungeschält von den Kernen entfernen, dann in gleichmäßige Halbmonde schneiden. Mit Knoblauch, Thymian, Salz u. Pfeffer in Olivenöl 10 Min. marinieren lassen.

Den Butternut Kürbis musst du schälen, dann in Scheiben oder viereckige, ca. daumengroße Blöcke schneiden. Mit ein wenig Kreuzkümmel, Salz u. Pfeffer in Olivenöl 10 Min. marinieren lassen. Die Zwiebel schälen und in Ringe schneiden.

Den Backofen auf 180 °C vorheizen und die beiden Kürbissorten mit den Zwiebelringen für circa 15-20 Min. grillen. Das Gemüse soll noch bissfest sein; am besten zwischendurch mit einem Holzlöffel wenden.

STECKRÜBEN PÜREE

ZUTATEN
½ große Steckrübe
2 Pastinaken
1 kl. Zwiebel
Salz, Pfeffer
¼ Muskatnuss
125 ml Kokosmilch
100 g Blattspinat

ZUBEREITUNG
Zwiebel sehr fein hacken, Rüben und Pastinaken putzen oder schälen und grob klein schneiden, dann das Gemüse kurz zusammen in einem Topf in etwas Öl anschwitzen und mit der Kokosmilch dünsten.

Muskatnuss mit der Microblade Reibe abreiben und hinzugeben (alternativ Pulver verwenden).

Danach alles bei mittlerer Hitze mit Deckel (Dampffunktion) ca. 10 Min. köcheln lassen. Das weich gegarte Gemüse kurz abkühlen lassen, dann mit einem Pürierstab grob pürieren und zum Schluss den Babyspinat unterheben. Mit Salz und Pfeffer abschmecken.

MAIRÜBCHEN KOHLRABI SALAT

ZUTATEN

3 Mairübchen „Navette"
  (oder 1 Kohlrabi)
1 Bund Petersilie

DRESSING

3 EL Olivenöl
1 EL Reisessig
1 EL Ume Su
1 geh. TL Xylit
Salz abschmecken

ZUBEREITUNG

Die Mairübchen (bzw. den Kohlrabi) schälen und mit der Mandoline in ganz dünne Scheiben hobeln. Die frische Petersilie von ihren Stielen befreien, klein hacken und dazugeben.

Das Dressing anrühren, mit Salz abschmecken und alles vermengen. Alle Zutaten zusammen in einer Bowl oder auf einem Teller anrichten. Noch eine Handvoll Salatblätter dazu und mit Granatapfelkernen dekorieren.

Sehr empfehlenswert: Die Balsamico Cream (siehe Seite 78) mit dem Kürbis genießen.

KARAMELLISIERTE BALSAMICO ZWIEBELN

Balsamico Zwiebeln benutze ich, um den Geschmack in Saucen, wie z. B. der Cashew Cheese Sauce, zu vertiefen und um mehr 'body', d. h. Struktur, zu entwickeln. Sie sind eine tolle Beilage und schmecken hervorragend zu den etwas deftigeren Rezepten.

ZUTATEN

3-4 Zwiebeln
80 ml dunkler Balsamico
1 EL Olivenöl
1 EL Kokosblütenzucker

ZUBEREITUNG

Die Zwiebeln schälen, halbieren und in feine Ringe schneiden, anschließend mit etwas Olivenöl in einer Pfanne andünsten.

Mit Balsamico ablöschen und dann den Kokosblütenzucker einrühren; bei mittlerer Hitze vorsichtig einköcheln lassen, bis der Zucker karamellisiert.

LOW CARB'O'NARA BOWL

Wie der Name andeutet, ist dieses Rezept eher cremig, aber trotzdem leicht. Die Zucchini–Spaghetti sind schnell gemacht und durch ihren hohen Wasseranteil enthalten sie kaum Kohlenhydrate. Für die Zoodles nimmt man das gesunde Gemüse direkt als Teigersatz und verarbeitet es mit Hilfe eines Spiralschneiders zu langen Spaghetti. Bei Zoodles kannst du nichts falsch machen; davon kannst du so viel essen wie du magst und im Sommer kannst du aus diesem Rezept auch einen Raw Salad machen.

ZUTATEN

2-3 gelbe oder grüne Zucchini
150 g Blattspinat
  (frisch oder tiefgekühlt)
200 g Brokkoli
  (frisch oder tiefgekühlt)
4 EL tiefgekühlte Erbsen
4 Cherrytomaten
1 EL Balsamico Zwiebeln
  (siehe Seite 33)
150 g Tempeh Crust
1 Handvoll Mixed Greens
  (gemischte Salatblätter)

CASHEW CHEESE SAUCE
  (siehe Seite 80)

ZUBEREITUNG

Als erstes muss das tiefgekühlte Gemüse aufgetaut werden. Du kannst es kurz zur Seite stellen, während du alles andere zubereitest.

Dann fängst du am besten mit der Cashew Cheese Sauce an und wenn du die Zwiebeln dafür karamellisierst, hebe dir 3 EL zur Deko für deine Bowl auf.

Danach verwandelst du die Zucchini mit dem Spiralschneider in Spaghetti und salzt sie etwas. Zucchini haben einen sehr großen Anteil an Wasser, durch das Salz tritt das Wasser ein wenig aus.

Als nächstes schneidest du den Tempeh in kleine Würfel und brätst ihn mit einem Schuss Kokosöl in einer separaten Pfanne scharf an. Mit einem Schuss Tamari ablöschen, so bekommt er richtig Farbe.

Nun kannst du den Brokkoli, den Spinat und die Erbsen mit den Spaghetti zusammen in einer großen Pfanne mit etwas Olivenöl auf mittlerer Hitze anbraten. Noch einen Schuss Premix Tamari (siehe Seite 106) dazu und circa 4 Min. braten.

Wenn alles fertig ist, direkt in der Pfanne die Cashew Cheese Sauce einfach mitunterheben, sodass sie leicht mit erwärmt wird – nicht kochen!

Alles in einer Bowl servieren und mit 2-3 EL Balsamico Zwiebeln und den Mixed Greens anrichten.

GEGRILLTE AVOCADO
MIT FENCHEL, ZUCCHINI, ZUCKERSCHOTEN, QUINOA, LEMON TAHINI SAUCE & RUCOLA

Dies ist ein Rezept für 2 Portionen, sehr grün, frisch, leicht und lecker. Ich liebe Salate, aber manchmal darf es eher etwas Warmes sein. Hier ist Avocado mal anders. Die Avocado ist eine der Vitamin-E-reichsten Früchte; sie hilft die Feuchtigkeit der Haut zu schützen und beugt gegen Falten und sonstige Zeichen der Alterung vor. Außerdem ist sie eine super Ballaststoffquelle und kann helfen, den Blutzuckerspiegel zu regulieren. Es ist wichtig, gesunde Fette in unsere Ernährung zu integrieren – und auf diese Art noch mega lecker obendrein.

ZUTATEN

1 Fenchelknolle
1 kleine Zucchini, grün oder gelb
80 g gefrorene Erbsen
1 Handvoll Zuckerschoten
1-2 reife Avocados
100 g weißer Quinoa
Olivenöl
1 TL Xylit
1 Zitrone
¼ Bund Frische Minze, Petersilie & Basilikum
Etwas Rucola

ZUBEREITUNG

Der Quinoa muss vorm Kochen zuerst mit warmen Wasser gewaschen werden, danach wird er mit etwas Salz und Wasser entweder im Reiskocher oder im Topf zubereitet. Circa 20 Min. auf mittlerer Hitze kochen lassen – am Aufgehen des Quinoas erkennst du, dass er fertig ist.

Währenddessen bereitest du das Gemüse zu: Die Erbsen auftauen, die Zuckerschoten waschen. Vom Fenchel schneidest du die großen Stiele ab und hobelst die Knolle dann in feine Streifen. Die Zucchini schneidest du schräg in Scheiben, die dadurch oval werden (Asia Style), und teilst diese nochmal in der Mitte durch.

Anschließend erhitzt du 1 EL Olivenöl in einer großen Pfanne bei mittlerer Hitze, fügst die Erbsen, Zuckerschoten, Fenchelstreifen und Zucchinischeiben hinzu und brätst sie für circa 3 Min. an. Evtl. einen Schuss Wasser hinzugeben. Mit Salz und frischem Pfeffer abschmecken. Wichtig sind jetzt die frischen Kräuter, die von den Stielen befreit und klein gehackt und zum Schluss rasch untergehoben werden.

Jetzt bereitest du dir deine Avocado vor. Die Avocado in 2 Hälften schneiden und den Kern entfernen. Am besten jetzt mit einem großen Löffel arbeiten und die 2 Hälften als Ganzes gefühlvoll herausheben. Eine kleine Grillpfanne mit 1 Spritzer geröstetem Sesamöl erhitzen und circa 3 Min. braten, im besten Falle entstehen Grillspuren, aber wenn nicht, ist das halb so wild. Dann die Lemon Tahini Sauce zubereiten (siehe Seite 75).

Wenn alles fertig ist, wird angerichtet: Zuerst 3 EL Quinoa in die Bowl, etwas Gemüse und die Kräuter darauf und nun in die Mitte die halbe Avocado platzieren, die Sauce drüber träufeln und Rucola drum herum legen, wild style.

 Tipp *Du kannst auch Superfood Spirulina oder Miso Dressing dazu ausprobieren.*

HASH BROWNS WITH CASHEW SOUR CREAM.
SAUTEED BROKKOLI. ROASTED CHERRY TOMATOS & MIXED GREENS

Hash Brown ist das englische Wort für Rösti.

ZUTATEN

600 g Kartoffeln
60 g Haferflocken
1 Zwiebel
Muskatnuss
Salz
Olivenöl
1 EL Kokosöl
1 Brokkoli
1 Schuss Tamari
bunte Cherrytomaten
Mixed Greens
Chiliflocken
Kokosblütenzucker

CASHEW KRÄUTERQUARK

(siehe Seite 82)

ZUBEREITUNG

Erst die Kartoffeln mit Schale waschen und dann mit der Handreibe klein reiben. Die Zwiebel auch mit der Reibe zerkleinern. Beides mit den Haferflocken in eine Schüssel geben und mit Salz und einer guten Prise Muskatnuss würzen. Kurz durchkneten, sodass die Kartoffeln ein wenig entwässern und die Stärke austritt. Jetzt handgroße Patties formen.

Das Kokosöl in einer gusseisernen Pfanne erhitzen, dann das Rösti Patty hineingeben und ein wenig andrücken. In circa 5 Min. auf beiden Seiten goldbraun braten.

Brokkoli in einer separaten Pfanne mit etwas Olivenöl anbraten und mit einem Schuss Tamari ablöschen. Ein paar Chiliflocken und eine Prise Kokosblütenzucker hinzugeben. Die bunten Cherrytomaten mit etwas Olivenöl 2-3 Min. in der Pfanne anbraten.

Jetzt noch eine Handvoll frischen Blattsalat auf einen Teller geben und alles darüber anrichten.

PINK BUDDHA BOWL MIT WILDREIS. SAUTEED PAK CHOI & MIXED GREENS

Ein Curry darf nicht fehlen! Hier eine einfache Version mit Rote Bete & fruchtigen Gojibeeren, damit es schön pink wird. Es ist eine wärmende Bowl mit frischem Ingwer & Kurkuma und frischen Kräutern. Besonders wohltuend an kälteren Tagen.

ZUTATEN

2 Tassen Wildreis
1 Süßkartoffel
2-3 Rote Bete
1 rote Zwiebel
1-2 TL Ingwerpaste
1 Limette
2 EL Ume Su
440 ml Kokosmilch
Tapioka Stärke
1 TL Kurkumapulver
1 Knoblauchzehe
Chiliflakes
3 EL Gojibeeren
4 Pak Choi
1 EL Tamari

FRISCHE KRÄUTER

Zitronengras (wenn möglich),
Koriander, Minze, Thai-Basilikum

ZUBEREITUNG

Zuerst die Zwiebel klein hacken und in etwas Kokosöl und 1 EL geröstetem Sesamöl anschwitzen. Die Süßkartoffel schälen und in Halbmonde schneiden. Die Rote Bete auch zuerst schälen und am besten in kleine Vierecke schneiden. Auf jeden Fall so, dass die die Süßkartoffel und Rote Bete unterschiedliche Formen haben.

Beides zur Zwiebel hinzugeben, ein Schuss Ume Su, 2 TL Ingwer, Chiliflakes, Kurkuma und Knoblauch dazu. Alles ca. 5 Min. köcheln lassen und danach die Kokosmilch hinzugeben.

1 EL Tapioka Stärke in etwas kaltem Wasser anrühren und zu dem Curry geben. Nun kurz aufkochen lassen und dann auf mittlere Hitze runter gehen. Ca. 12-15 Min. weiter köcheln bis die Rote Bete durch ist und das Curry andickt. Mit Salz und frischem Pfeffer abschmecken.

Am besten die Kräuter fertig vorbereiten, große Stiele entfernen und klein hacken. Gojibeeren auch klein hacken und am Ende mit darüberstreuen.

Währenddessen kannst du den Pak Choi zubereiten, den Strunkansatz abschneiden, den Kopf unter fließendem Wasser gut waschen und gründlich abtropfen lassen. Zum Schluss den Pak Choi in breite Streifen schneiden. In einer heißen Pfanne in etwas Kokosöl und Salz blanchieren und mit Tamari ablöschen.

Wenn alles fertig ist, den Reis in der Mitte der Bowl platzieren. Dann mit einer Handvoll Mixed Greens, dem pinken Curry und dem Pak Choi anrichten.

DINNER

PINK SUMMERROLLS MIT MELONENSALAT

Leicht und lecker, eine rosa Version von Sommerrollen. Dies ist eins der Rezepte, die du als 'Happening' mit Freunden oder Family zusammen erleben kannst. Alle Zutaten auf den Tisch und los geht's. Let's Rock'n'Roll...

ZUTATEN

2 Zucchinis
½ Kopf Spitzkohl
1-2 Karotten
150 g Shiitake oder Austernpilze
1-2 Avocados
frische Minze, Thai-Basilikum,
  Koriander
Salatblätter
Reispapier
½ l Rote Bete Saft

SAUCE

siehe My Favorite Handroll Seite 162

ZUBEREITUNG

Mit dem Spiralschneider erstmal die Zucchinis spiralisieren. Dann deinen Spitzkohl in ganz feine Streifen schneiden und mit Salz marinieren und massieren, sodass Wasser austritt und der Kohl saftig wird. Dadurch verliert er seinen bitteren Geschmack und ist leichter zu verdauen. Die Karotten mit einem Schäler schälen, sodass Schleifen entstehen (Ribbons). Avocados in sehr feine Scheiben schneiden. Shiitake kurz in der Pfanne erhitzen und mit Tamari ablöschen. Salatblätter waschen und bereitlegen. Kräuter auch zurechtzupfen und die großen Stiele entfernen.

Sobald dein Mise en Place fertig ist, kann es schon los gehen mit dem Reispapier. Hier den Rote Bete Saft nur erhitzen und nicht kochen. Dann immer 1 Reispapier auf einem Template für circa 30-60 Sek. in den erwärmten Rote Bete Saft reinlegen und baden, bis es weich wird. Dann direkt wieder raus nehmen, eventuell kurz auf einem Küchenpapier oder auf einem Teller abtropfen lassen und dann geht's los mit dem Belegen.

INSTRUCTIONS HOW TO ROLL

Die Reihenfolge spielt auch eine Rolle, deswegen fange am besten mit den Zucchini Spaghettis an, danach folgen die Karottenschleifen, der Spitzkohl, die Pilze, die Avocado Slices und zum Schluss die Kräuter.

Die Zutaten mit ca. 2 cm Abstand zum Rand mittig aufeinander schichten, dann das Reispapierblatt von unten aufnehmen und die Füllung einschlagen. Immer weiterrollen und weil es einfacher ist und schön aussieht kannst du auch nur eine Seite einschlagen und schließen, sodass die andere Seite offen ist und ein wenig Gemüse heraus steht.

Fertig ist deine Pink Summerroll. Jetzt nacheinander auf einen Teller legen, dass sie sich nicht berühren – sonst kleben sie zusammen.

MELONENSALAT MIT HANFSAMEN

Wie du bereits gemerkt hast, benutze ich sehr gerne Hanfsamen. Sie sind mega gesund und wirken entzündungshemmend und sind eine super pflanzliche Proteinquelle für Energie. Ihr Flavor ist leicht würzig, herb mit nussigem Aroma.

ZUTATEN

200 g Honig- oder Galiamelone
3-4 EL Hanfsamen

DRESSING:

2 EL Zitronensaft
1 EL Olivenöl
1 EL Leinöl
1 TL Xylit
1 Prise Salz

ZUBEREITUNG

Die Melone schälen und in kleine Würfel schneiden.

Das Dressing anrühren und mit der Melone vermengen. Es ist ein ganz leichtes Dressing zur Unterstützung vom Eigengeschmack der Melone, ein wenig süß und frisch.

Am Schluss ein paar EL Hanfsamen dazugeben.

GREEN ASPARAGUS BOWL MIT KARTOFFELSALAT,
KRÄUTERSEITLINGEN, TEMPEH BITES & BALSAMICO CREAM

Eine deftige Bowl, die dank der Kräuterseitling Filets und der Tempeh Bites auch super hilft wenn du weniger oder kein Fleisch essen magst. Hier hast du tolles Raucharoma und verwöhnst deine Geschmacksnerven.

ZUTATEN FÜR DEN KARTOFFELSALAT

500 g Kartoffeln
1 kl. Gurke
1 kl. rote Zwiebeln
50 g Kapern
Frische Kräuter sind hier essentiell
15 g glatte Petersilie
15 g krause Petersilie
15 g Schnittlauch
15 g Dill

DRESSING

30 ml weißer Balsamico
20 ml Apfelessig
Saft einer Bio-Zitrone
1 TL Senf
150 ml Olivenöl
3 TL Xylit
Salz

ZUBEREITUNG

Als erstes die Kartoffeln putzen und halbieren (mit Schale), idealerweise sind es kleine Kartoffeln. Das Wasser mit Salz zum kochen bringen. Dann bei mittlerer Hitze circa 10 Min. köcheln, bis sie weich sind aber noch ganz bleiben.

Jetzt die frischen Kräuter von ihren dicken Stielen befreien und zerhacken. Die Zwiebel so fein wie möglich klein schneiden. Die Kapern können im Food Processor klein gehäckselt werden. Das Dressing am besten direkt im Mixer zubereiten. Wenn die Kartoffeln fertig sind, kurz auskühlen lassen und dann alles miteinander vermengen, am besten eine 1 Std. ziehen lassen, dann schmeckt es noch aromatischer.

Der Kartoffelsalat wird am nächsten Tag noch besser.

KRÄUTERSEITLINGE & GRÜNER SPARGEL

ZUTATEN

200 g Kräuterseitlinge
½ rote Zwiebel
200 g grüner Spargel
kleine Handvoll frische Petersilie

ZUBEREITUNG

Erst putzt du die Kräuterseitlinge mit einer Bürste, nicht waschen, da Pilze sonst wie ein Schwamm das Wasser aufsaugen und an Geschmack verlieren. Jetzt schneidest du sie längs in Filets. Dann kannst du die rote Zwiebel ganz fein schneiden und in einer Pfanne mit etwas Olivenöl anschwitzen. Nach 3 Min. kannst du die Pilze mit anbraten und mit einem Schuss Tamari Premix ablöschen.

Den grünen Spargel von seinen dicken Enden befreien und gegebenenfalls schälen, wenn die Haut zu dick ist. Am besten in drei gleiche Teile schneiden. Einfach zu den Pilzen dazu geben und mit anbraten, bis sie bissfest sind. Frische, sehr fein geschnittene Petersilie unterheben, wenn das Gemüse fertig ist. Mit etwas Salz und frischem Pfeffer abschmecken.

TEMPEH BITES

ZUTATEN

150 g Tempeh
1 EL Kokosöl
1 EL Tamari

ZUBEREITUNG

Als nächstes schneidest du den Tempeh in kleine Würfel und brätst ihn in einem Schuss Kokosöl in einer separaten Pfanne scharf an. Mit einem Schuss Tamari ablöschen, so bekommt er richtig Farbe und gibt tolles Raucharoma ab.

Jetzt alle Zutaten mit einer Handvoll Mixed Greens in eine Bowl geben, dazu empfehle ich die Balsamico Cream (siehe Seite 78).

ITALIAN BOWL
SCHWARZE BOHNEN SPAGHETTI. ZUCCHINI PASTA. KLASSISCHE ITALIENISCHE
TOMATENSAUCE MIT SÜSSKARTOFFEL & AUBERGINE. RAW PICKLED PILZE.
WALNUSS PARMESAN. CHERRYTOMATEN & MIXED GREENS.

Hier eher ein klassisches Rezept für eine richtig leckere und gesunde Alternative zu Fertigsaucen. Die klassische Italienische Küche ist eher schwer, aber hier habe ich das ein wenig umgewandelt, damit du es so richtig genießen kannst. Gerade Spaghetti verbinde ich wieder mit meiner Kindheit und würde das auch als 'Soulfood' bezeichnen.

 Tipp *Du kannst hier auch andere glutenfreie Pasta benutzen.*

ZUTATEN
1 rote Zwiebel
1 Aubergine
1 große Karotte
1 große Süßkartoffel
1 EL Olivenöl
1 EL dunkeln Balsamico
Frischer Basilikum nach Belieben
Schwarze Bohnen Spaghetti oder eine
   glutenfreie Pasta deiner Wahl
2 Zucchini

TOMATENSAUCE
500 g passierte Tomaten*
400 g gewürfelte gekochte Tomaten*
1 Zweig Rosmarin (den kannst du
   danach einfacher rausholen)
2 Zehen Knoblauch
70 g Reissirup
3 EL Balsamico Essig
1 ½ TL Salz
etwas Pfeffer
200 g bunte Cherrytomaten

*(wenn möglich aus dem Glas
   und nicht aus der Dose)

ZUBEREITUNG
Zuerst schälst du die Zwiebel und schneidest sie möglichst klein. Dann erhitzt du eine Pfanne mit etwas Olivenöl, sodass du die Zwiebeln anbraten und in etwas Balsamico und Kokosblütenzucker dünsten kannst. Dann wechselt du zu einem etwas größeren Topf, da gibst du schon mal die fertigen Zwiebeln rein.

Als nächstes schneidest du die Aubergine, die Süßkartoffel und die Karotte in kleine Würfel. Dann gibst du 2 EL Wasser in eine Pfanne, gerne wieder in der gleichen, und kochst die Aubergine ein wenig ein. Danach würzt du mit etwas Salz und einem Schuss Olivenöl und brätst sie goldbraun an. Wenn die Aubergine fertig ist, gibst du sie zu den Zwiebeln in den Topf. Jetzt machst du das Gleiche mit der Süßkartoffel und der Karotte. Wenn das Gemüse auch fertig angebraten ist, kommt es mit in den großen Topf.

Für die Tomatensauce alle restlichen Zutaten mit in den Topf geben und einmal kurz aufkochen lassen. Die gesamte Sauce für 25-30 Min. auf kleiner Flamme köcheln lassen. Je nach Bedarf kann nun der Rosmarin wieder aus dem Topf genommen werden.

Für die Zucchini Spaghetti die Zucchini waschen und mit dem Spiralschneider spiralisieren. Ein wenig salzen und circa 2 Min. im heißen Wasser andünsten.

Die glutenfreien Schwarzen Bohnen Spaghetti oder generell die glutenfreie Pasta in einen Topf mit kochendem Wasser geben. Eine gute Prise Salz dazu und für circa 6-8 Min. köcheln oder so, wie es auf der Produktbeschreibung steht. Dementsprechend die Kochzeit anpassen. Am besten nach ein paar Minuten unter kaltem Wasser eine Spaghetti probieren, ob sie al dente ist.

PICKLED PILZE

Pilze sind leicht und lecker und in meiner Clean Eating Küche nicht wegzudenken. Ich liebe ihre Konsistenz. Hier nehme ich klassische Champignons, aber du kannst das auch mit anderen Pilzen versuchen, wie Kräuter-seitlingen. Pilze enthalten viele Ballaststoffe, welche die Verdauung fördern, auch wird ihnen eine Heilkraft nachgesagt.

ZUTATEN
250 g Champignons

DRESSING
2 EL Olivenöl
4 EL weißer Balsamico oder
   Apfelessig
2 TL Reissirup
3-4 Wachholderbeeren
frischer Dill
Salz
Pfeffer

ZUBEREITUNG
Die Champignons putzen, von ihrer Haut befreien, größere Stiele entfernen und in ganz feine Scheiben schneiden. Dann das Dressing anrühren, den Dill zerhacken und mit den Pilzen vermengen. Gerne ein wenig einmassieren und für circa 20 Min. ziehen lassen, sodass sich das volle Aroma entwickeln kann. Mit frischem Pfeffer und Salz abschmecken. Danach direkt kalt stellen.

WALNUSS-PARMESAN

Diese Nuss hat es in sich und ist gegenüber anderen Nusssorten wegen ihrer besonderen Zusammensetzung, den gesunden enthaltenden Fette einzigartig. Die Walnuss ist besonders reich an lebensnotwendigen, mehr-fach ungesättigten Fettsäuren, wie Omega 3. Sie schützt unser Herz und kann unseren Cholesterinspiegel senken. So knackig und gesund, mehr davon!

ZUTATEN
200 g Walnüsse
30 g Nutritional Yeast (Hefeflocken)

ZUBEREITUNG
Beide Zutaten Im Food Processor mehrmals pulsieren lassen. Es ist schön, wenn die Walnüsse nicht ganz klein gehackt sind, sondern ein wenig Struktur erhalten bleibt.

Du kannst diese Mischung in einem Glasbehälter im Kühlschrank aufbewahren.

GEFÜLLTE SÜSSKARTOFFEL MIT GUACAMOLE, TOMATEN SALSA, SAUTEED SHIITAKE & GEGRILLTEN CORN LOLLIPOPS

Dieses Rezept fällt für mich unter Comfort Food/Soul Food, so richtig deftig und füllend. Schön abwechslungs-reich und gerade super, wenn du weniger Fleisch essen möchtest. Da die Shiitakepilze eine sehr spezielle, fast fleischähnliche, Konsistenz haben, helfen sie ganz gut bei Meat Cravings. Das ist eins meiner Lieblingsrezepte und immer ein Highlight, wenn Freunde und Familie vorbei kommen. Man kann es auch schön zusammen vorbereiten. Gute Aufgabenverteilung.

ZUTATEN

2-4 Süßkartoffeln
  (1 Süßkartoffel ist eine Portion)
2 EL Olivenöl
Salz & Pfeffer
150 g Shiitake Pilze
2-4 Maiskolben (vorgekocht)
1 Handvoll Mixed Greens

ADD SOME TAPAS

Superfood Guacamole
  (siehe Seite 94)
Tomaten Salsa
  (siehe Seite 102)

ZUBEREITUNG

Zuerst kannst du den Backofen auf 180 °C vorheizen. Dann wäschst und bürstest du die Süßkartoffeln ab. Sie werden als Ganzes in den Ofen getan, am besten auf Backpapier. Für circa 45 Min. backen, bis sie komplett durch sind, karamellisieren.

Währenddessen kannst du deine Tapas und die Shiitake Pilze vorbereiten. Die Pilze nur kurz abbürsten und gerne ganz lassen (außer sie sind sehr groß). In einer kleinen Pfanne mit einem Schuss Kokosöl und einem Spritzer Tamari 5 Min. goldbraun braten.

Die Maiskolben (vorgekocht) halbieren oder dritteln und scharf mit etwas Kokosöl anbraten. Einen Schuss dunklen Balsamico dazugeben. Am Schluss mit etwas Salz und Pfeffer würzen und auf die Stäbe piksen. Sieht cool aus und ist einfacher zu essen.

Wenn die Süßkartoffeln fertig sind, schneidest du sie in der Mitte auf, spritzt einen TL Olivenöl hinein und gibst ein wenig Salz hinzu. Mit den Tapas befüllen, Pilze hinzu, Maiskolben drapieren und eine Handvoll Mixed Greens.

SHOW ME
SOMETHIN'
NATURAL

MY FAVORITE HANDROLL
WITH SUPERFOOD KRAUTSALAT & MISONAISE

Ich liebe die japanische und makrobiotische Küche, Sushi, Wakame, fermentiertes Gemüse. Ich war schon immer Japan Fan und habe schon als Kind gern mit Stäbchen gegessen. Aber für dieses Rezept sind deine Hände gefragt. Es macht besonders viel Spaß, alle Zutaten auf dem Tisch auszubreiten und gemeinsam die Handrolls zu füllen und zu formen. Nach den ersten paar Rollen wirst du den Dreh raushaben.

ZUTATEN
Sushi Reis
Shiitake oder andere Pilzsorte
2 Avocados in dünne Scheiben
    schneiden
200 g grüner Spargel (längs
    schneiden, halbieren)
½-1 Gurke (Sticks)
2-4 Karotten (Swirls)
Salat & frische Kräuter, wie Koriander
    und gerösteter Sesam

SAUCE
1 EL Reisessig
1 EL Ume Su
Spritzer Tamari
½ TL Kokosblütenzucker
1 EL geröstetes Sesamöl
Schuss Zitronensaft
(eventuell etwas Chiliflakes
    oder Wasabi)

ZUBEREITUNG
Zuerst den Reis gründlich waschen, du kannst ihn auch über Nacht in Wasser einlegen. Dadurch wird der Reis leichter verdaulich und stark gereinigt. Im Kochtopf mit einer guten Prise Salz das Wasser zum Kochen bringen und dann bei mittlerer Hitze köcheln, bis das Wasser vom Reis aufgesogen wird. Zwischendurch immer rühren. (Oder einfach im Reiskocher zubereiten)

Die Shiitake Pilze klein schneiden und mit etwas Kokosöl in der Pfanne kurz heiß anbraten, mit einem Schuss Tamari Sauce ablöschen. Den Spargel auch kurz anbraten und mit etwas Salz marinieren. Er soll noch knackig und grün sein.

Avocado in feine Streifen schneiden. Die Gurke längs schneiden, es muss nicht perfekt sein, aber umso feiner, desto leichter ist es später die Handroll zu rollen. Die Karotte mit dem Schäler in Schleifen schälen.

Salatblätter waschen und zurechtlegen. Das Mise en Place ist das Wichtigste, wenn alles fertig ist und griffbereit, dann macht es richtig Spaß. Den Sesam ohne Öl kurz in der Pfanne rösten

INSTRUCTIONS HOW TO ROLL

Am besten das Noriblatt mit einem Messer in der Mitte durchschneiden. Clean Cut – gerader Schnitt. Dann das halbe Noriblatt in die linke Hand legen, die glänzende Seite nach außen, die innere Seite ist die etwas ruppigere. Sie ist dafür da, dass der Reis besser hält.

Dann den Reis auf eine gute Hälfte leicht diagonal verteilen. Richtig schön mit der rechten Hand verteilen und leicht andrücken. Jetzt kommt zuerst die Misonaise, schön verteilen und darauf das Salatblatt kleben, dann den Spargel, Gurkensticks, Avocado Slices, ein paar Shiitake verstreuen und zum Schluss den Sesam.

Jetzt mit der rechten Hand die gefüllte Seite rüberziehen und gleichzeitig einrollen. Mit Gefühl TURN & PUSH gently. Jetzt wie ein Eiscreme Cone drehen, einmal rum, und am Ende das Stück, das übrig bleibt, mit einem sticky Reiskorn verkleben. Manchmal fällt oben was raus, das ist halb so schlimm, einfach wieder oben rein drücken.

Jetzt noch die Dipsauce anmischen und in vollen Zügen genießen.
Misonaise siehe Kapitel Saucen & Dressings ab Seite 72.

SUPERFOOD KRAUTSALAT

Der Salat schmeckt am nächsten Tag sogar noch besser, wenn er so richtig durchgezogen ist. Eine knackige und frische Beilage voller Superfoods.

ZUTATEN
450 g Spltzkohl
½ Granatapfel
4-5 EL Hanfsamen

DRESSING
50 ml Olivenöl
2 EL Apfelessig
1 EL Xylit o. Reissirup
1 TL weiße Misopaste
1 guter Schuss Zitronensaft

ZUBEREITUNG
Den Spitzkohl in ganz feine Streifen schneiden. In eine große Schüssel geben und mit Salz marinieren, bis die Zellen aufbrechen und Flüssigkeit austritt. Am besten direkt auch 1 EL Xylit mit einmassieren.

Danach die Granatapfelkerne und die Hanfsamen dazugeben. Das Dressing mit dem Rührbesen oder der Gabel vermengen und alles zusammengeben. Am besten wieder ein wenig mit den Händen kneten oder mit einem Löffel rühren.

CALIFORNIA BOWL WITH QUINOA. TAMARI SAUTEED SPINACH. SWEETPOTATO STICKS. SUPERFOOD GUACAMOLE. APPLE CARROT SALAD. TOMATO SALSA & HOMEMADE KETCHUP

Dieses Rezept habe ich damals für unser Restaurant kreiert, sie war die meistverkaufte Bowl. Ich war für längere Zeit in Kalifornien und alles in diesem Rezept erinnert mich daran. Viele der Zutaten sind im Kapitel Sidedishes/Tapas. Du kannst selbst entscheiden, ob du alles davon zubereiten möchtest oder es auch mal etwas anders kombinieren magst.

ZUTATEN
150 g Quinoa

ZUBEREITUNG
Der Quinoa muss zuerst mit warmen Wasser gewaschen werden. Dann entweder mit etwas Salz und Wasser im Reiskocher oder im Topf circa 20 Min. auf mittlerer Hitze kochen. Du erkennst am Aufgehen des Quinoas, dass er fertig ist.

TAMARI SAUTEED SPINACH
(siehe Seite 96)

SWEETPOTATO STICKS
(siehe Seite 94)

SUPERFOOD GUACAMOLE
(siehe Seite 94)

APFEL-KAROTTENSALAT
(siehe Seite 92)

TOMATEN SALSA
(siehe Seite 102)

HOMEMADE KETCHUP
(siehe Seite 79)

Jetzt kannst du alles in einer großen Bowl anrichten und genießen.

FALAFEL BOWL

Eine klassische Bowl, die hier nicht fehlen darf. Mit ballaststoffreichen Falafeln, die nicht nur richtig satt machen, sondern auch noch die Verdauung anregen. Die Rote Bete dient hier wieder als unser natürliches Färbemittel und gleichzeitig gibt sie ein wenig Süße zu den eher bitteren Kichererbsen – natural flavor balancing!

ZUTATEN

400 g vorgekochte Kichererbsen
  (aus dem Glas oder Rezept Yellow
  Chick Peas siehe Seite 103)
1 kleine Gemüsezwiebel
1 Rote Bete
3 EL Reismehl
3 EL Flohsamenschalen
2 EL glutenfreie Haferflocken
1 EL weißes Tahin
1 TL süßes Paprikapulver
1 Handvoll Petersilie
30 g Olivenöl
Prise Salz
Pfeffer

ZUBEREITUNG

Zuerst die Kichererbsen mit warmen Wasser waschen und abtropfen lassen. Dann die Zwiebel schälen und grob hacken, die Rote Bete schälen und entweder mit einer Vierkantreibe klein reiben oder mit allen anderen Zutaten in eine Küchenmaschine geben und pürieren. Die Kräuter grob hacken und auch mit dazugeben. Zum Schluss das Olivenöl hinzufügen und den Falafelbrei durchkneten, dann quellen lassen; am besten für mindestens 15 Min.

Wenn die Mischung ein wenig angedickt und klebrig ist, kannst du anfangen, daraus mit zwei großen Löffeln Bällchen zu formen, indem du die Löffel aneinander drückst, drehst und eine längliche ovale Form bildest (siehe Foto). Das braucht ein wenig Übung, aber du kannst auch einfach Falafel Taler oder Bälle formen.

Dann in einer heißen Pfanne etwas Kokosöl erhitzen und die Falafel darin von allen Seiten goldbraun braten.

AUBERGINEN HALBMONDE

ZUTATEN

1 Aubergine
2-3 EL Olivenöl
½ Knoblauchzehe
   (wenn du Knoblauch magst)
1 Spritzer Zitronensaft
1 Prise Salz

ZUBEREITUNG

Die Aubergine waschen und in Scheiben schneiden, diese nochmal halbieren, sodass Halbmonde entstehen.

Dann die Scheiben mit etwas Olivenöl gut einreiben, salzen und Knoblauch klein hacken und dazugeben und in einer Pfanne bei mittlerer Hitze circa 10 Min. braten. Die Aubergine muss weich werden und sich etwas goldbraun färben, damit sie so richtig lecker wird.

 Tipp *Du kannst die Aubergine auch im Ofen machen mit den Roasted Carrots*

SPICY ROASTED CHICKPEAS
   (siehe Seite 103)

ROASTED CARROTS
   (siehe Seite 101)

TOMATEN TABULEH
   (siehe Seite 102)

LEMON TAHINI SAUCE
   (siehe Seite 75)

Jetzt kannst du alles in einer großen Bowl anrichten und genießen.

MACROBIOTIC BOWL
QUINOA, ROASTED BRUSSEL SPROUTS WITH CASHEW CHEESE SAUCE, PINK KIMCHI, WAKAME CUCUMBER SALAD, MISO BEAN HUMMUS AND TEMPEH CRUST, MIXED GREENS WITH SPIRULINA DRESSING

Diese Bowl habe ich damals auch für unser Restaurant entwickelt, es ist meine Lieblingsbowl. Sie ist ein wenig aufwendiger, aber wenn du z. B. das Kimchi einmal vorbereitet hast, hast du es eh eine Weile im Kühlschrank. Die anderen Zutaten gehen schnell; alle Anleitungen findest du im Kapitel „Side Dishes & Saucen". Viel Spaß beim Ausprobieren und Kombinieren! Das ist das Tolle an Bowls – du kannst immer wieder kreativ sein und neue Zusammenstellungen entwickeln.

ZUTATEN
200 g Quinoa
150 g Tempeh
1 EL Kokosöl
Tamari
Mixed Greens (Blattsalat)

ROASTED BRUSSEL SPROUTS
(siehe Seite 106)

KIMCHI
(siehe Seite 108)

WAKAME GURKENSALAT
(siehe Seite 92)

MISO BEAN HUMMUS
(siehe Seite 104)

SUPERFOOD SPIRULINA DRESSING
(siehe Seite 76)

Jetzt kannst du alles in einer großen Bowl anrichten und genießen.

ZUBEREITUNG
Der Quinoa muss zuerst mit warmen Wasser gewaschen werden. Dann mit etwas Salz und Wasser entweder im Reiskocher oder im Topf zubereiten; circa 20 Min. auf mittlerer Hitze kochen. Du erkennst am Aufgehen des Quinoas, dass er fertig ist.

TEMPEH BACON ZUBEREITUNG
Den Tempeh in feine Scheiben schneiden, dann in etwas Kokosöl scharf anbraten, bis er goldbraun ist und mit einem Schuss Tamari Sauce ablöschen. Alles in einer Bowl servieren.

SWEETS & DESSERTS

RAW CHOCOLATE DONUTS

Als ich in Los Angeles meine Raw Chef Ausbildung gemacht habe, war dies meine Abschlussarbeit. Ich entwickelte glutenfreie und ungebackene Donuts mit natürlicher Süße und echter Kakaobutter. Life can be bitter, so make sure you get some sweetness. Sie sind ein tolles Geschenk an sich selbst oder für andere.

ZUTATEN
80 g glutenfreie Haferflocken
3 EL Chiasamen
3-4 getrocknete Aprikosen
120 g Kokosflakes
2 EL Reissirup
½ TL Vanillepulver

CHOCOLATE GLAZE
3 EL Kokosöl
3 EL Kakaobutter
1 EL Kokosblütenzucker
3 EL rohes Kakaopulver
1 Prise Salz

TOPPING
Quinoa Pops

ZUBEREITUNG
Für den Donut-Teig pulsierst du als Erstes die Haferflocken zu Haferflockenmehl. Dann nimmst du dir eine Tasse mit 3-4 EL Wasser und gibst die Chiasamen hinein. Wenn du ein paarmal rührst, können die Chiasamen schneller aufquellen.

Jetzt schneidest du die getrockneten Aprikosen schon mal grob klein und gibst die restlichen Zutaten – die Kokosflakes, Reissirup, Vanille, Prise Salz – samt Haferflockenmehl und den aufgegangenen Chiasamen in den Food Processor und fängst an sie zu mixen, bis sich ein klebriger Teig entwickelt.

Währenddessen setzt du einen kleinen Topf auf und lässt die Kakaobutter flüssig werden, dann gibst du das Kokosöl hinzu. Anschließend Kokosblütenzucker, Kakaopulver und eine Prise Salz. Jetzt verrührst du das Ganze mit einem Schneebesen, sodass eine flüssige Schokolade entsteht.

Nun muss die Schokolade ein wenig abkühlen und fester werden, bevor du sie auf deine Donuts streichen kannst. Deswegen empfehle ich dir die Schokolade für circa 5 Min. in den Tiefkühler zu stellen. Achte aber darauf, dass sie nicht zu hart wird.

Du kannst jetzt kleine Donutringe formen oder eine Donutform füllen, beides ist einfach. Wenn du einen Ring selber formen willst, kannst du mit einem Schluck Wasser die Enden deiner Rolle zusammenkleben.

Sobald die Schokolade fertig ist, kannst du den Ring bestreichen oder eintauchen, wie es besser für dich klappt.

Quinoa Pops darauf und ab in den Freezer.

CHOCOLATE CHAPTER

Das Dessert ist wie ein Schokopudding, dick und cremig. Du kannst beliebig die Toppings wechseln, Nüsse, Samen und deine Lieblingsfrüchte, alles ist möglich. Der rohe Kakao entspannt den Körper und hilft ihm, Glückshormone zu produzieren. Don't worry be happy.

ZUTATEN

4 EL roher Kakao
2 EL Kokosöl
3 EL Dattelpaste
1 TL Kokosblütenzucker
½ reife Avocado
1 EL Chiasamen
1 Prise Salz
200 ml Kokosmilch
Kakao Nibs
Fruchttopping (hier Himbeeren)

ZUBEREITUNG

Alle Zutaten auf höchster Stufe mixen. Es werden 2-3 Mixvorgänge benötigt, damit die Konsistenz des Puddings glatt und seidig wird.

Danach füllst du die Masse gleich in Schüsseln und stellst sie für mindestens 15 Min. in den Kühlschrank.

In der Zwischenzeit kannst du dein Fruchttopping vorbereiten. Vor dem Servieren mit den Toppings belegen, die Kakao Nibs als Finish.

WHITE CHOCOLATE BOWL

Das ist mein Lieblingsdessert, abgesehen von den Raw Donuts. Es ist schnell gemacht und damit kannst du jedes Herz erobern. Mandelbutter ist reich an Mineralstoffen und Vitaminen, zusätzlich cholesterin- und blutdrucksenkend und kann vor Herzerkrankungen schützen.

ZUTATEN

3 EL Dattelpaste
2 EL Kokosöl
30 g Kakaobutter
1 EL Mandelbutter
1 Prise Salz
2 TL Xylit
½ TL Vanillepulver
Abrieb einer viertel Bio-Zitrone
2 EL Chiasamen
250 ml Kokosmilch

ZUBEREITUNG

Zuerst erwärmst du die Kakaobutter im Wasserbad, bis sie flüssig geworden ist.

Danach gibst du alle Zutaten in den Mixer und pürierst sie solange auf höchster Stufe, bis die Masse seidig und richtig cremig wird.

Danach füllst du sie direkt in Schüsseln und stellst sie für mindestens 30 Min. in den Kühlschrank, bis sie fest geworden ist.

Danach dekorierst du deine White Chocolate Bowl mit frischen Beeren.

185

ROASTED APPLE CRUMBLE WITH VANILLA CREAM

Ein leckeres Rezept für ein leicht warmes Dessert, besonders während der etwas kälteren Jahreszeiten. Genau richtig, um es sich im Herbst und Winter gemütlich zu machen. Desserts genießen, die eine positive Auswirkung haben auf body and mind.

ZUTATEN
1-2 Äpfel
1-2 Birnen
1 TL Kokosöl
1 Prise Zimt

FÜR DIE CRUMBLE PRALINE
3 EL Kürbiskerne
3 EL Walnüsse
1 EL Pistazien
1 EL Sesam
1 EL Mandelbutter
1 EL Reissirup
1 EL Chiasamen
  (kurz mit 2 EL Wasser anrühren)

CASHEW VANILLA CREAM
  (siehe Seite 61)

ZUBEREITUNG

Als Erstes bereitest du die Cashew Vanilla Cream zu. Sobald diese fertig ist, kannst du sie kurz zur Seite stellen.

Nun gebe für die Crumble Praline alle Zutaten in den Food Processor und lasse sie zerkleinern. Dann formst du aus dem Crumble entweder eine Praline oder servierst es wirklich als Crumble.

Schneide den Apfel in kleine Würfel und die Birne in Scheiben, sodass du zwei unterschiedliche Formen hast. Brate sie in einer Pfanne mit etwas Kokosöl auf mittlerer Hitze goldbraun an. Verfeinere die warmen Früchte mit einer Prise Zimt.

Zum Anrichten gibst du zuerst die Birnenscheiben und 3-4 EL von dem Bratapfel in eine Schale, dann die Crumble Praline (oder das Crumble) hinzu und verfeinerst mit der Vanilla Cream. Gerne kannst du mit etwas Sesam oder mit mehr Nüssen dekorieren.

You have
no idea how
GOLDEN
you've become

I CHOOSE HAPPINESS

*"Wenn wir glücklich sind, dann sind wir weniger gestresst und unser ganzes Wohlbefinden ist gestärkt. Aber um glücklich zu sein, brauchen wir ein wenig Übung. Durch **bewusstere Ernährung** machen wir viel für unseren Körper und auch für unseren Geist. Aber auch kleine Übungen werden dir helfen durch den Alltag zu kommen.*

***Dankbarkeit und Freundlichkeit** sind simple Gesten, die wir täglich ausüben können. **Ein Lächeln kann die Welt verändern**, es hört sich ein wenig kitschig an, aber es ist wahr.*

Ich freue mich und bin dankbar für die einfachen Dinge im Leben, ein Sonnenuntergang, der Mond, eine erholsame Nacht mit tiefem Schlaf, ein neuer Morgen, ein gesunder Körper, meine Familie und Freunde. Ganz besonders Lachen, Humor und ich liebe Musik.

*Ich versuche nicht an die Sachen zu denken, die ich nicht habe oder mal hatte oder mir wünschte zu haben, sondern versuche **im Jetzt zu sein und da zu sein, wo ich bin. Denn der Moment ist alles, was wir haben.***

*Ich empfehle mehr Zeit mit der Familie zu verbringen, mit Freunden und mit Menschen, die dich positiv berühren und deine Begeisterung für das Leben teilen. **No more drama** und schlecht reden, das raubt dir deine Energie.*

***Die Natur spielt auch eine große Rolle** und hat großen Einfluss auf uns. Es ist bewiesen, dass dein Immunsystem gestärkt wird und du besser runterkommen kannst, wenn du z. B. in den Wald gehst.*

***Nimm dir also bewusst Zeit für dich und kreiere 'healthy habits'**, egal wie sie für dich aussehen mögen, jeder ist anders und das ist auch gut so. Kleine Rituale helfen und unterstützen dich auf deiner Lebensreise.*

Happiness ist eine Entscheidung, lasst uns glücklich sein!"

LOVE YOURSELF

GRATITUDE

Wow – what a journey… ich weiß gar nicht wo ich anfangen soll. Dieses Buch ist für mich ein Abschluss und gleichzeitig auch ein Neuanfang. Ich habe das letzte Jahr auf allen Ebenen viel durchgemacht und habe meine ganze Energie in dieses Kochbuch gesteckt.

*Ich möchte mich ganz besonders bei **Christoph Rempel** bedanken, der mich seit Anfang meiner Gesundheitsreise kennt und begleitet. Er selbst ist ein wahnsinnig toller Koch und Ernährungsexperte, der mich täglich inspiriert. Wir haben durch unser Business viel gemeinsam erlebt, Höhen und Tiefen, aber wir haben immer fest an unseren Weg geglaubt und für diese Stärke danke ich dir! Großer Dank gilt auch **Vanessa Rees**, einer ganz besonders talentierten Fotografin, die mit mir mein Essen in das richtige Licht gerückt hat, so grateful for your Art. Ich bin so dankbar für meine Zeit in New York; dieser 'special' Vibe bleibt für immer – captured in this book! Ich bin so froh, das ich dich kennengelernt habe **Kat Araujo**, the moment we met, it clicked. Thanks friend!*

*Außerdem gibt es ein paar wichtige Freunde, die mir in dieser heißen Finalphase mit Rat und Tat zur Seite standen, **Wiebke Wiemer**, eine Sprachexpertin mit sehr ehrlichem und genauem Feedback – thanks again V, insbesondere für dein Vertrauen, you know what I am talking about!*

*Ich danke meiner Family: Mama **Anna Anglim**, meiner **Oma Giesla** und meinem Vater **Jürgen Drawert** und meinem Bruder **Thorben Anglim**. Meiner Juleee aka **Juliane Kretschmar, Lisa Ruszcynski, Benedikt Scherer** für Korrektur und **Maren Woitek, Moriah Black, Soo Kim, Dominique Fresard Lamig, Joe King, Kid Ding, Ekatharina Gribalova, Ben Ross, Charlotte Orr & all my New York Girrrrls**.*

*Insbesondere danke ich **Julia Bzinkowski** aka Wonderwoman, mit der ich seit der vierten Klasse befreundet bin und die mich somit fast 24 Jahren kennt. Wie du weißt, binde ich dich in alle meine Projekte mit ein, sei es **The Bowl, goodies** oder **Hope**, da ich dich nicht nur als beste Freundin schätze und ganz viel Zeit mit dir verbringen möchte, sondern weil wir auch super zusammenarbeiten und uns gegenseitig inspirieren. Ich bin so froh, dass wir das gemeinsam auf die Beine gestellt haben. Ich sag nur 'Hot Shorts' forever, Babe.*

*Einen letzten riesen Dank an die ganze **Familie Rempel**, insbesondere **Jens & Steffi** und die zauberhafte **Ute Möckel**, danke für eure Unterstützung.*

Ich möchte mich auch direkt bei Euch Lesern bedanken, alle die dieses Buch gekauft und mich bei meinem Traum supported haben, dieses Buch ist für Euch geschrieben zum Kochen, Backen und einfach Spaß haben, an gesunder leckerer Ernährung.

'Clean Eating' ist für mich eine Art Danksagung in sich selbst, der respektvolle Umgang mit unserer Mutter Erde.

"OPEN YOUR HANDS IF YOU WANT TO BE HELD"

RUMI

REZEPTREGISTER

A

Alkalizer 40
Apfel-Karottensalat 92
Auberginen Halbmonde 172

B

Bananabread 64
Black Truffle Popcorn 88

C

Califorina Bowl 169
Caramelised Balsamico Cream 78
Cashew Cheese Cream 80
Cashew Kräuterquark 82
Cashew Vanilla Cream 61
Chocolate Ceremony 44
Choco Chia Pudding with
    Cashew Vanilla Cream 61

D-E

Detox Salad 114

F

Falafel Bowl 170
Farmer's Bowl 130

G

Gefüllte Süßkartoffel 158
Gegrillter Fenchel 126
Gegrillte Avocado 136
Grapefruit-Bloodorange-Thyme
    Lemonade 42
Green Asparagus Bowl 150
Green Asparagus Salad 120
Green Smoothie Bowl 56
Grilled Pears & Chard Salad with
    Tempeh Crust 118
Grün Tee Zubereitung 40

H

Hash Browns (Kartoffelrösti) 138

I

Italian Bowl 153

J-K

Karamellisierte Balsamico
    Zwiebeln 133
King Kale 48
Kräuterseitlinge &
    Grüner Spargel 150

L

Layered Banana-Maca-
    Himbeer Smoothie 53
Lemonade 42
Lemon Mustard Dressing 76
Lemon Tahini Sauce 75
Low Carb'o'nara Bowl 135

M-N

Macrobiotic Bowl 174
Melonensalat mit Hanfsamen 146
Miso Dressing 74
Misonaise 78
Miso Bean Hummus 104
My Favorite Handroll 162

O

Orange Senf Vinaigrette 74
Overnight Oats Aka Bircher Müsli 58
Oven-Roasted Asparagus
    with Figs 101

P

Pho-bidden Soup 124
Pink Kimchi 108
Pink Buddha Bowl 140
Pink Summerrolls 144

Q-R

Rainbow Reisnudelsalat 129
Raw Chocolate Donuts 183
Recovery Colada 50
Roasted Apple Crumble 186
Rosenkohl mit Cashew Cheese
    Sauce 106

S

Sandwich Inspiration 71
Superseed Bread 67
Superfood Guacamole 94
Sweetpoato Sticks 94
Sweet & Spicy Carrots
    Steckrüben Stampf 130
Superfood Krautsalad 164
Superfood Spirulina Dressing 76

T

Tamari Blattspinat 96
The Incredible Hulk 48
Tempeh Bites 151
Tomaten Salsa 102
Tomaten Tabuleh 102

V-W

Wakame Gurkensalat 92
White Chocolate Porridge with
    roasted Apples 62
White Chocolate Bowl 184

ZUTATENREGISTER

A

Ananas
Recovery Colada 50

Äpfel
Overnight Oats 58
White Chocolate Porridge with Roasted Apples 186
Apfel-Karottensalat 92
California Bowl 168
Roasted Apple Crumble 50

Aprikosen
Raw Chocolate Donuts 184

Auberginen
Gegrillter Fenchel Bowl 126
Falafel Bowl 170
Italian Bowl 152

Avocados
The Incredible Hulk 48
Chocolate Ceremony 44
Green Smoothie Bowl 56
Superfood Guacamole 94
Green Aspargus Salad 120
Gegrillte Avocado 136
Gefüllte Süßkartoffel 158
California Bowl 168
Pink Summerrolls 144
Sushi Handroll 162
Raw Chocolate Bowl 184

B

Bananen
Chocolate Ceremony 44
Recovery Colada 50
King Kale 48
Green Smoothie Bowl 56
Choco Chia Pudding 61
Bananabread 64

Balsamico
Lemon Mustard Vinaigrette 76
Cashew Cheese Cream 80
Balsamico Cream 78
Homemade Ketchup 79
Farmer's Bowl 130
Karamelisierte Zwiebel 132
Green Asparagus Bowl 150
Italian Bowl 152

Basilikum
Italian Bowl 152
Gegrillte Avocado 136

Beeren
Green Smoothie Bowl 56

Choco Chia Pudding 61
Overnight Oats 58
Bananabread 64
White Chocolate Bowl 184
Raw Chocolate Bowl 184

Birnen
Birnen Mangold Salat 118
Roasted Apple Crumble 186

Bohnen
Miso Bean Hummus 104
Makrobiotik Bowl 174

Brokkoli
Low Carb'o'nara Bowl 134
Hash Browns (Kartoffelrösti) 138

Brot
Bananabread 64
Superseed Bread 67

Butternusskürbis
Farmer's Bowl 130

C

Cashewkerne
Choco Chia Pudding mit Cashew Vanilla Cream 61
Cashew Cheese Cream 80
Cashew Kräuterquark 82
Markrobiotik Bowl 174

Chiasamen
Green Smoothie Bowl 56
Choco Chia Pudding 61
Bananabread 64
Superseed Bread 67
Homemade Ketchup 79
White Chocolate Bowl 184
Raw Chocolate Bowl 184
Raw Chocolate Donuts 183

Chiliflakes
Rainbow Rice Noodle Salad 129
Pink Buddha Bowl 140
Hash Browns (Kartoffelrösti) 138
Sushi Handroll 144
Falafel Bowl 170

D

Datteln
The Incredible Hulk 48
Chocolate Ceremony 44
King Kale 48
Choco Chia Pudding 61
Bananabread 64
Homemade Ketchup 79
White Chocolate Bowl 184

Raw Chocolate Bowl 184
Roasted Apple Crumble 186

Dips
Cashew Vanilla Cream 61
Superfood Guacamole 94
Miso Bean Hummus 104
Lemon Tahini Sauce 75
Misonaise 78
Superfood Spirulina Dressing 76
Homemade Ketchup 79
Cashew Kräuterquark 82
Cashew Cheese Cream 80

E

Erdbeeren
Choco Chia Pudding 61

Erbsen
Gegrillte Avocado Bowl 136
Low Carb'o'nara Bowl 135

F

Feigen
Roasted Asparagus with Figs & Balsamico Cream 101

Fenchel
Detox Salad 114
Gegrillte Fenchel Bowl 126
Gegrillte Avocado Bowl 136

Frühlingszwiebel
Cashew Kräuterquark 82
Detox Salad 114
Rainbow Rice Noodle Salad 128

G

Granatapfel
Farmer's Bowl 130
Superfood Krautsalat 164
Pink Summerrolls 144
Grilled Pear Salad 118

Grapefruit
Grapefruit-Bloodorange-Thyme Lemonade 42
Detox Salad 114

Grüner Spargel
Oven Roasted Asparagus 101
Asparagus Salad 120
Green Aspargus Bowl 150

Grünkohl
King Kale 48

Gojibeeren
Recovery Colada 50
Homemade Ketchup 79
Pink Buddha Bowl 140

Guacamole
Superfood Guacamole 94
Sweetpotato Fries with
Superfood Guacamole 94
Gefüllte Süßkartoffel 158
California Bowl 168

Gurken
Wakame Gurkensalat 92
Makrobiotiok Bowl 174
Sushi Handroll 162
Green Asparagus Bowl mit
Kartoffelsalat 150

H

Haferflocken
Overnight Oats 58
White Chocolate Porridge 62
Bananabread 64
Superseed Bread 67
Hash Browns (Kartoffelrösti) 138

Hafermehl
Bananabread 64
Superseed Bread 67

Hanfsamen
Tomate Tabuleh 102
Superfood Spirulina Dressing 76
Grilled Pears & Chard Salad 118
Pink Summerrolls 144
Falafel Bowl 170

Hummus
Miso Bean Hummus 104
Grilled Fennel Bowl 126
Falafel Bowl 170

I-J

Ingwer
The Incredible Hulk 48
Grapefruit Bloodorange-
Thyme-Lemonade 42
Overnight Oats 58
Apfel-Karottensalat 92
Rainbow Rice Noodle Salad 129
Pink Buddha Bowl 140

K

Kakaobutter
White Chocolate Porridge 62
White Chocolate Bowl 184
Raw Chocolate Donuts 184

Kakao-Nibs
Choco Chia Pudding 61
Raw Chocolate Bowl 184

Kakaopulver
Chocolate Ceremony 44
Choco Chia Pudding 61
Raw Chocolate Donuts 183
Raw Chocolate Bowl 184

Kapern
Cashew Cheese Cream 80
Green Aspargus Bowl 150

Kartoffeln
Hash Browns (Kartoffelrösti) 138
Green Asparagus Bowl 150

Karotten
Roasted Carrots 101
Rainbow Rice Noodle Salad 129

Kichererbsen
Miso Bean Hummus 104
Falafel Bowl 170

Knoblauch
Lemon Tahini Sauce 75
Cashew Kräuterquark 82
Miso Bean Hummus 104
Tamari Blatt Spinat 96
Superfood Guacamole 94
Pink Kim Chi 108
Pho-bidden Soup 124
Farmer's Bowl 130
Italian Bowl 152
Falafel Bowl 170
Makrobiotik Bowl 174

Kokosblütenzucker
Caramelized Balsamico Cream 78
Caramelized Onions 132
Beetroot Carpaccio 90
Apfel-Karottensalat 92
Pink Kimchi 109
Gegrillter Fenchel 126
Rainbow Reisnudelsalat 129
My Favorite Handroll 162

Kokosflocken
Overnight Oats 58
Bananabread 64
Raw Chocolate Donuts 183
Kokosmilch (o. Kokos-Reis-Milch)
Choco Ceremony 44
Recovery Colada 50
Choco Chia Pudding 61
White Chocolate Porridge 62
White Chocolate Bowl 184
Pink Buddha Bowl 140
Farmer's Bowl 130

Kokoswasser
Green Smoothie Bowl 56

Koriander
Tomaten Salsa 102
Superfood Guacamole 94
Pho-bidden Soup 124
Rainbow Rice Noodle Salad 129
Pink Buddha Bowl 140
Grilled Avocado Bowl 136
Pink Summerrolls 144
My Favorite Handroll 162
California Bowl 169

Kürbis
Farmer's Bowl 130

Kürbiskerne
Superseed Bread 67
Grilled Pear & Chard Salad 118
Roasted Apple Crumble 186

Kimchi
Pink Kimchi 108
Makrobiotik Bowl 174

Kurkuma
Recovery Colada 50
Cashew Cheese Cream 80
Rainbow Rice Noodle Salad 129
Pink Buddha Bowl 140

L

Limetten
Pho-bidden Soup 124
Pink Buddha Bowl 140
Rainbow Rice Noodle Salad 129

M

Macapulver
Bananabread 64

Maiskolben
Stuffed Sweet Potato 158

Mandelbutter
Roasted Apple Crumble 186
White Chocolate Bowl 184

Minze
The Incredible Hulk 48
Lemonade 42
Detox Salad 114
Rainbow Rice Noodle Salad 129
Grilled Avocado Bowl 136
Pink Summerrolls 144

Miso
Miso Bean Hummus 104
Misonaise 78
Miso Dressing 74
Pink Sommerrolls 144
My Favorite Handroll 162
Makrobiotik Bowl 174

N

Nüsse
Cashew Vanilla Cream 61
Cashew Cheese Cream 80
Cashew Kräuterquark 82
Roasted Asparagus with Figs &
    Balsamico Cream 101
Walnuss Parmesan 154
Roasted Apple Crumble 186
Nutritional Yeast (Hefeflocken)
Miso Dressing 74
Misonaise 78
Cashew Cheese Cream 80
Cashew Kräuterquark 82

O

Oliven
Gegrillte Fenchel Bowl 126

Orangen
The Incredible Hulk 48
Recovery Colada 50
King Kale 48
Grapefruit-Bloodorange-Thyme
    Lemonade 42
Apple-Karottensalat 92
Orangen Senf Vinaigrette 74
Grilled Pear & Chard Salad 118
Rainbow Rice Noodle Salad 129

P

Pak Choi
Pink Buddha Bowl 140
Pink Sommerrolls 144

Pastinaken
Farmers Bowl 131

Petersilie
Tomaten Salsa 102
Cashew Kräuterquark 82
Gegrillte Fenchel Bowl 126
Hash Browns (Kartoffelrösti) 138
Green Asparagus Bowl 150
Falafel Bowl 170

Pilze
Pink Sommerrolls 144
My Favorite Handroll 162

Green Asparagus Bowl mit
    Kräuterseitlingen 150
Gefüllte Süßkartoffel 158
Italian Bowl 153
Pickled Mushrooms 154

Pinienkerne
Detox Salad 114
Rainbow Rice Noodle Salad 129

Q

Quinoa
Gegrillter Fenchel Bowl 126
California Bowl 168
Makrobiotik Bowl 174

Quinoa Pops
Raw Chocolate Donuts 182

R

Reis
Pink Buddha Bowl 140
My Favorite Handroll 162

Reisnudel
Rainbow Reisnudelsalat 129

Reispapier
Pink Summerrolls 144

Reissirup
Lemonade 42
Grapefruit-Bloodorange-Thyme
    Lemonade 42
Pickled Pilze 154
Raw Chocolate Donuts 182

Rosmarin
Italian Bowl 152

Rote Bete
Beetroot Carpaccio 90
Homemade Ketchup
    (Rote Bete Saft) 79
Pink Buddha Bowl 140
Pink Summerrolls 144

Rucola
Grilled Pear & Chard Salad 118
Gegrillte Avocado 136
Grilled Fennel Bowl 126
(kann immer bei Mixed Greens
verwendet werden)

S

Salate
Apfel-Karottensalat 92
Wakame Gurkensalat 92
Asparagus Salad 120
Detox Salad 114
Grilled Pear & Chard Salad 118

Rainbow Rice Noodle Salad 128

Salsa
Tomaten Salsa 102
Gefüllte Süßkartoffel 158
California Bowl 168

Sandwich
Sandwich Inspiration 71

Schokolade
Chocolate Ceremony 44
Choco Chia Pudding 61
Raw Chocolate Donuts 183
Raw Chocolate Bowl 184

Senf
Orangen Senf Vinaigrette 74
Lemon Mustard Dressing 76
Green Asparagus Bowl 150

Sesamsamen
Overnight Oats 58
Beetroot Carpaccio 90
Tamari Blattspinat 96
Wakame Gurkensalat 92
My Favorite Handroll 162
Detox Salad 114
My Favorite Handroll 162
California Bowl 168
Makrobiotik Bowl 174
Roasted Apple Crumble 186

Smoothie
The Incredible Hulk 48
Chocolate Ceremony 60
Recovery Colada 50
King Kale 48

Smoothiebowl
Green Smoothiebowl 56

Sonnenblumenkerne
Overnight Oats 58
Superseed Bread 66

Soßen
Orangen Senf Vinaigrette 74
Miso Dressing 74
Lemon Mustard Dressing 76
Lemon Mustard Dressing 76
Superfood Spirulina Dressing 76
Caramelized Balsamico Cream 78
Misonaise 78
Homemade Ketchup 79
Tamari Premix 96

Spinat
The Incredible Hulk 48
Green Smoothie Bowl 56

Tamari Blattspinat 96
Detox Salad 114
Farmer's Bowl 130
California Bowl 169

Spirulina
The Incredible Hulk 48
Green Smoothie Bowl 56
Superfood Spirulina Dressing 76
Superfood Guacamole 94

Suppen
Pho-bidden Soup 124

Sushi
My Favorite Handroll 162

Süßkartoffeln
Sweetpotato Fries with Homemade
  Ketchup 94
Gefüllte Süßkartoffel 158
Italian Bowl 153
California Bowl 169

T

Tahin
Lemon Tahini Sauce 75
Miso Bean Hummus 104
Falafel Bowl 170

Tapiokastärke
Tamari Premix 96
Pink Buddha Bowl 140

Tamari
Tamari Blattspinat 96
Wakame Gurkensalat 92
Pho-bidden Soup 124
Hash Browns (Kartoffelrösti) 138
Gefüllte Süßkartoffel 158
Farmers Bowl 130
My Favorite Handroll 162
Makrobiotik Bowl 174

Tempeh
Grilled Pear &
  Chard Salad Bowl 118
Low Carb'o'nara Bowl 135
Green Asparagus Bowl 150
Makrobiotik Bowl 174

Tomaten
Sandwich Inspiration 71
Tomaten Tabuleh 102
Tomaten Salsa 102
Low Carb'o'nara Bowl 135
Baba Ghanoush 126
Homemade Ketchup 79
Hash Browns (Kartoffelrösti) 138

Gefüllte Süßkartoffel 158
Italian Bowl 153
Falafel Bowl 170
California Bowl 169

V–W

Vanillepulver
White Chocolate Porridge 62
Cashew Vanilla Cream 61
Raw Chocolate Donuts 183
White Chocolate Bowl 184

Weißkohl (o. Spitzkohl)
Pink Kimchi 108
Rainbow Rice Noodle Salad 128
Superfood Krautsalat 164
Pink Summerrolls 144

Wurzelgemüse
Beetroot Carpaccio 90
Pink Buddha Bowl 140
Farmer's Bowl 131

Z

Zimt
King Kale 48
Overnight Oats 58
Roasted Apple Crumble with
  Vanilla Cream 186

Zitronen
The Incredible Hulk 48
Lemonade 42
Green Smoothiebowl 56
Miso Bean Hummus 104
Tomaten Tabuleh 102
Tomaten Salsa 102
Miso Dressing 74
Misonaise 78
Lemon Tahini Sauce 75
Lemon Mustard Vinaigrette 76
Cashew Cheese Cream 81
Cashew Kräuterquark 82
Superfood Spirulina Dressing 76
Asparagus Salad 120
Grilled Avocado Bowl 136
Hash Browns (Kartoffelrösti) 138
Melonensalat mit Hanfsamen 146
Green Asparagus Bowl 150
California Bowl 169
Falafel Bowl 170

Zucchini
Low Carb'o'nara Bowl 135
Grilled Avocado Bowl 136
Pink Summerrolls 144
Italian Bowl 153

ANHANG

LITERATUR
Brendan Brazier: **Thrive — The Plant-Based Whole Foods Way To Staying Healthy For Life,**
2017 Special Edition, Oceanside
Lauri Boone: **Das grosse Buch der Superfoods, Hans-Nietsch-Verlag, 2013**
Bruce Fife: **Kokosöl — Das Geheimnis gesunder Zellen, Kopp 2004**
Terces Engelhart with Orchid: **I am grateful, North Atlantic Books, 2007**
Victoria Boutenko: **Green For Life, Hans-Nietsch-Verlag, 2009**
Christian Opitz: **Befreite Ernährung, Hans-Nietsch-Verlag, 2010**
William Duffy: **Zucker Blues — Suchtstoff Zucker, Zweitausendeins, 1996**

IMPRESSUM

Die Informationen in diesem Buch sind sorgfältig recherchiert und zusammengetragen. Die gegebenen Tipps ersetzen jedoch keine medizinische Behandlung. Bitte sprich, wenn du körperliche Beschwerden hast, mit deinem Heilpraktiker oder Arzt deines Vertrauens.

1. Auflage
Deutsche Erstausgabe
© 2018 Copyright by Jennifer Anglim,
All rights reserved.

Fotografin: **Vanessa Rees**
Foodstyling: **Vanessa Rees & Jennifer Anglim**
Zusätzliches Bildmaterial: Rae Tashman; 18; 19 &
Christine Yoo; RS; 32; 33
Hand Lettering: **Kat Araujo**
Illustration: Shutterstock
Buchdesign: **Julia Bzinkowski & Jennifer Anglim**
Grafik: **Julia Bzinkowski**
Lektorat: **Benedikt Scherer**
Druck und Bindung: **Westermann Druck Zwickau GmbH**

Printed in Germany
ISBN 978-3-00-058797-9

 www.come-clean.de
www.facebook.com/cleaneatingchef